# LE VIEUX FAT,

OU

# LES DEUX VIEILLARDS,

COMÉDIE.

On trouve chez le même Libraire LA SUITE DU MENTEUR, Comédie en cinq actes, en vers, de *Pierre* CORNEILLE, avec des additions et des changemens considérables, et un Prologue, de M. ANDRIEUX.

# LE VIEUX FAT,

## OU

# LES DEUX VIEILLARDS,

COMÉDIE EN CINQ ACTES, EN VERS;

PAR G. S. ANDRIEUX,

MEMBRE DE L'INSTITUT ET DE LA LÉGION D'HONNEUR.

Représentée, pour la première fois, par les Comédiens Français de S. M. l'Empereur et Roi, le 6 juin 1810.

A PARIS,

Chez BARBA, Libraire, au Palais-Royal, derrière le Théâtre-Français, n.° 51.

---

1810.

A SA MAJESTÉ

# DON JOSEPH NAPOLÉON,

ROI DES ESPAGNES ET DES INDES, etc. etc.

---

Si parmi tant de soins, de périls et de veilles,
Lorsqu'il vous faut ensemble et vaincre et gouverner,
Sire, il vous reste encor des momens à donner
Aux Muses, aux Beaux-Arts, à leurs douces merveilles,
Nobles délassemens des esprits cultivés,
Charmes que tant de fois vous avez éprouvés,

Souffrez qu'un amant de Thalie,
Amant qu'elle a voulu trop peu favoriser,
Ose tenter, par une Comédie,
De vous distraire et de vous amuser.
D'un cœur reconnaissant ma Muse est l'interprète;
Je vous offre des vers : c'est trésor de Poète.
Mais qu'il aurait pour moi de prix
Si je lui devais une place
Près de vos auteurs favoris!
Vous les choisissez bien, et je n'ai point l'audace
De prétendre égaler ces sublimes esprits;
J'adore, et suis de loin les maîtres du Parnasse.
Je me souviens du tems heureux
Où le soir, entouré d'un cercle peu nombreux,
Courant à la lecture, au retour de la chasse,
Vous preniez tour à tour l'Arioste et le Tasse!
Horace avait encor sa part de vos amours.
A Morfontaine aussi j'ai vu couler vos jours,
Lieux charmans où j'obtins la faveur de vous plaire!
Oh! si le ciel m'eût donné par bonheur
Le talent d'un Racine ou celui d'un Voltaire,
Ce serait alors que mon cœur
Aurait de quoi se satisfaire!
Je voudrais conserver au lointain avenir
De toutes vos vertus l'aimable souvenir.
On verrait un modeste et noble caractère,

Un esprit juste et sage, un cœur ami du bien,
De nos neveux charmés devenir l'entretien.
Mais je vous devrai tout; votre nom, je l'espère,
Un jour protégera le mien;
Et tandis qu'on lira, retracés par l'histoire,
Vos succès, vos travaux dans la guerre et la paix,
Si l'on dit que je fus comblé de vos bienfaits,
Vos bontés deviendront mes titres à la gloire.

---

| PERSONNAGES. | ACTEURS. |
| --- | --- |
| M. ROLLIN, ancien négociant. | M. FLEURY. |
| M. DE MERVILLE, (le vieux fat.) | M. BAPTISTE aîné. |
| CHARLES, neveu de M. de Merville, et commis chez M. Rollin. | M. DAMAS. |
| LINANT, jeune officier du Génie. | M. ARMAND. |
| LABROSSE, valet de chambre de M. de Merville. | M. MICHOT. |
| FRÉDÉRIC, laquais. | M. THÉNARD. |
| M.me ROLLIN. | M.lle THÉNARD. |
| CONSTANCE, fille de M. et M.me Rollin. | M.lle MARS. |
| SOPHIE, sa femme de chambre. | M.lle ÉM. CONTAT. |
| AMÉLIE, jeune enfant de sept à huit ans. | M.lle HÉLOÏSE. |

Un Domestique de la maison, personnage muet.

*La Scène est chez M. Rollin, dans une maison de campagne, près de Paris.*

LE

# VIEUX FAT,

OU

# LES DEUX VIEILLARDS.

COMÉDIE.

## ACTE PREMIER.

### SCÈNE PREMIERE.

M. ROLLIN, M.me ROLLIN.

M. ROLLIN.

CONSENTEZ donc enfin à le laisser tranquille;
Toujours rire aux dépens de ce pauvre Merville!
C'est un vieillard, ma femme: il faut le respecter.

M.me ROLLIN.

Comment dis-tu cela? Va le lui répéter;
Va dire devant lui, tu verras sa colère,
Qu'il a depuis long-tems passé l'âge de plaire,
Qu'il n'est plus un jeune homme. . . . .

M. ROLLIN.

Un jeune homme? ah! ma foi,
Ce nom-là lui convient à peu près comme à moi.
Nous sommes du même âge, amis depuis l'enfance,
Dès le collége; aussi j'embrasse sa défense
Et voudrais une fois mettre fin à ces tours
Que je vous vois ici lui faire tous les jours.

M.me ROLLIN.

Bon ! tu n'es pas fâché que chez toi l'on s'amuse,
Et des tours qu'on lui fait ses travers sont l'excuse.
A la campagne, on veut gaîment passer le tems;
Nous rassemblons chez nous, voisins, amis, parens;
Assez près de Paris, cette maison tranquille
D'une joie innocente est l'agréable asile;
Et le brillant Merville, ici depuis un mois,
De l'accueil qu'on lui fait ne se plaint pas, je crois.
Comme de sa personne il aime qu'on s'occupe,
On le sert à son gré.

M. ROLLIN.

Fort bien : mais on le dupe.
Finissez-en, vous dis-je, ou je vais aujourd'hui
L'avertir franchement qu'on se moque de lui.

M.me ROLLIN.

Il ne t'en croirait pas, et j'en suis bien certaine;
Pourquoi veux-tu d'ailleurs lui faire de la peine ?
Laisse-le bien plutôt, heureux de ses erreurs,
Se flatter qu'il séduit et qu'il trouble les cœurs.
Ne le plains pas, surtout : il a ce qu'il mérite.
Sur ton exemple au lieu de régler sa conduite,
D'être dans ses plaisirs sage et de sens rassis,
De faire ton piquet ou bien mon reversis,
Il est des petits jeux de la belle jeunesse;
Aux femmes qu'il ennuie il va parler tendresse;
Léger dans sa conduite et dans ses sentimens,
D'un jeune homme il a tout, hormis les agrémens;
Rien ne lui plaît au monde autant que sa personne;
Il met un peu de rouge; au moins on l'en soupçonne;
Du reste, possédant mille talens divers,
Chantant, dansant, brodant, faisant de petits vers;
Avec ses airs charmans dont il est idolâtre,
C'est un original bon à mettre au théâtre.

M. ROLLIN.

Il est trop ridicule.

M.me ROLLIN.

Eh! bien, on en rirait.
Souvent des jeunes fats on a fait le portrait;
Les grâces que toujours sur la scène on leur donne,
Font qu'on les a joués sans corriger personne;
On trouve aimable en eux ce qui devrait choquer;
On va les applaudir au lieu de s'en moquer.

M. ROLLIN.

Je crois que tu dis vrai.

M.me ROLLIN.

Bien plus, on les copie,
Et j'ai vu fort souvent jouer la comédie
A des gens qui venaient dans la société
Rapporter un jargon du théâtre emprunté;
Imitant gauchement les gestes, la méthode,
Et jusques aux défauts de l'acteur à la mode;
Bégayant comme lui des mots qu'il bégayait,
Tâchant de grasseyer, parce qu'il grasseyait,
D'un piquant petit-maître insipides émules,
Et d'un fort beau talent copistes ridicules.
Je voudrais, leur montrant un fat sur le retour,
Qu'on leur dît : ce qu'il est, craignez de l'être un jour,
Et qu'un tableau bien vrai de sa folle vieillesse
Corrigeât en riant l'imprudente jeunesse.

M. ROLLIN.

Mais Merville n'est plus d'âge à se corriger.

M.me ROLLIN.

Vraiment! personne ici n'a garde de songer
Qu'on puisse le guérir, vu la longue habitude.
Mais pour diminuer ta tendre inquiétude,
Nous n'allons plus avoir madame de Sergy;
Elle partit hier pour joindre son mari;

De nos petits complots elle seule était l'âme,
Et de Merville ainsi récompensait la flamme;
Car il la distinguait.

M. ROLLIN.

Oui, c'étaient ses amours.

M.me ROLLIN.

L'architecte chez nous venu depuis cinq jours,
Monsieur Durand, tout jeune et pourtant assez sage,
Trouve aussi le vieux fat un fort bon personnage;
Ce jeune homme paraît vif et spirituel.

M. ROLLIN.

Il entend son métier: c'est là l'essentiel.
Je compte qu'il pourra nous être fort utile;
Mais je le supplierai de ménager Merville.

M.me ROLLIN.

Oh! mais, si tu le veux bien sérieusement,
Nous nous priverons tous de cet amusement.

M. ROLLIN.

J'ose donc l'espérer de votre complaisance.
Parlons d'un autre objet, de bien plus d'importance.
Charle va revenir, et peut-être aujourd'hui;
Approuves-tu toujours mes bons desseins pour lui?
Es-tu toujours d'avis d'en faire notre gendre?

M.me ROLLIN.

Toujours; c'est un parti qu'il nous convient de prendre.
Il demeure avec nous depuis plus de quinze ans;
Charle est laborieux, rangé, plein de bon sens;
A son oncle Merville il ne ressemble guère.

M. ROLLIN.

Oh! non, assurément. Je m'en vais donc, ma chère,
A son retour ici lui parler nettement,
Et voilà pour Constance un établissement;
Elle le sait, l'approuve.... On vient, je crois; c'est elle.

## SCENE II.

M.me ROLLIN, CONSTANCE, M. ROLLIN.

M. ROLLIN.

Bonjour donc, ma Constance. Embrasse-moi, ma belle.
Tu viens fort à propos; car nous parlions de toi.

CONSTANCE.

Bonjour, maman. Bonjour, mon père.

M. ROLLIN.

Ecoute-moi.
Je pensais qu'avant peu tu serais bien contente,
Ma fille; ainsi que toi nous sommes dans l'attente,
Mais non pas pour long-tems; avant la fin du jour
Notre ami Charle ici doit être de retour;
Tu n'en es pas fâchée, est-il vrai? sois sincère.

CONSTANCE.

Ce qui vous fait plaisir ne saurait me déplaire.

M. ROLLIN.

De ta mère et de moi tu sais quel est le vœu;
Nous ne voulons tous deux que ton bonheur. Adieu.
Je vais aux ouvriers. L'architecte y doit être.
Il est intelligent; mais il faut l'œil du maître.
Viens, ma femme, avec moi; je voudrais ton avis
Pour un arrangement.....

M.me ROLLIN.

Dans l'instant, je te suis.
(M. Rollin sort.)

## SCENE III.

M.me ROLLIN, CONSTANCE.

M.me ROLLIN.

Constance, c'est ce soir notre petite fête;
Pour notre comédie au moins seras-tu prête?
Sais-tu ton rôle?

CONSTANCE.

Oh! oui.

M.me ROLLIN.

Je sais aussi le mien.
Nous surprendrons ton père; il ne s'attend à rien.
Il sera bien content.

CONSTANCE.

Oui; mais j'ai peur d'avance.

M.me ROLLIN.

Pourquoi? notre parterre aura de l'indulgence.
L'architecte s'en mêle, et nous seconde bien;
Il est décorateur, il est musicien,
Tout ce qu'on veut enfin; j'en suis fort satisfaite.

CONSTANCE.

Ah! tant mieux.

M.me ROLLIN.

Tu seras une actrice parfaite,
J'en réponds. Adieu donc, ma bonne et chère enfant;
Je vais joindre ton père.

(Elle sort.)

## SCENE IV.

CONSTANCE seule.

Hélas! en cet instant,
A peine ai-je écouté ce qu'on vient de me dire;
Inquiète, agitée, à peine je respire;
Envers mes bons parens je sens que j'ai des torts;
Mon Dieu!... serait-ce là ce qu'on nomme remords?
Dès que Linant paraît, mon embarras redouble;
Je sens que je rougis, que chaque mot me trouble;
D'un état si pénible il faut enfin sortir....
Mais comment?... je ne sais... si l'on va découvrir....
N'entends-je pas quelqu'un? C'est lui!... quelle imprudence!

## SCENE V.

### CONSTANCE, LINANT.

CONSTANCE.

Vous venez me chercher. . . . Allez-vous-en.

LINANT.

Constance !
D'un moment de bonheur voulez-vous me priver ?

CONSTANCE.

Mon père vous attend ; allez le retrouver.

LINANT.

Je me suis échappé.

CONSTANCE.

Moi, je suis au supplice.
D'un coupable détour vous me rendez complice ;
Quand on saura qu'ici vous étiez déguisé,
Vous couvrant d'un faux nom, d'un état supposé. . . .

LINANT.

On ne le saura pas, si vous voulez le taire.

CONSTANCE.

Moi qui pour mes parens n'eus jamais de mystère !

LINANT.

Allons ; grondez-moi bien ; vous m'aimiez autrefois ;
Je ne vous causais pas le trouble où je vous vois ;
Quand je vous rencontrais à Metz, chez votre tante,
Vous n'aviez point d'effroi, vous paraissiez contente ;
Mais vous êtes changée, et je ne le suis pas.

CONSTANCE.

Moi ? changée ?

LINANT.

Oui.

CONSTANCE.

Linant ! . . . que servent ces débats ?
Laissez-moi m'en aller.

LINANT.

Non. Vous devez m'entendre.
J'ai connu pour vous seule un sentiment bien tendre.
Vous n'étiez qu'une enfant; je vous aimais déjà,
Vous le savez.

CONSTANCE.

Eh! oui; puis-je, malgré cela,
Vous pardonner d'avoir employé cette ruse?

LINANT.

Mais je n'ai pu vous dire encor, pour mon excuse,
A ce déguisement quels motifs m'ont conduit.
Depuis cinq jours qu'ici je me suis introduit,
Je ne puis ni vous voir ni vous parler qu'à peine.

CONSTANCE.

Je tremble à tout moment que l'on ne nous surprenne.

LINANT.

A l'ami qui, pour moi, demanda votre main,
Votre père opposait un refus inhumain;
Ensuite sa maison me fut inaccessible;
Me présenter chez lui fut la chose impossible;
Après deux ans d'absence, inquiet, affligé,
Craignant par-dessus tout que vous n'eussiez changé,
Je fis mille projets, j'en abandonnai mille;
Une heureuse rencontre enfin me fut utile;
J'étais chez un ami qui faisait embellir
Une maison des champs qu'il venait d'acquérir;
Là, comme ingénieur, de l'art ayant l'usage,
Je dessinais des plans, et dirigeais l'ouvrage;
Quand votre père un jour y vient, approuve tout,
Vante sur chaque objet mon talent et mon goût,
Parle de ses jardins et de ses édifices.
Je lui fais aussitôt l'offre de mes services;
Mon ami voulant bien à mon plan se prêter,
Votre père n'eut point de peine à m'accepter,

Quand, d'une main connue et nullement suspecte,
Je lui fus présenté comme habile architecte.
Ainsi, sous un faux nom, je vins mardi dernier.

CONSTANCE.

Mon cœur battit bien fort, je ne le puis nier,
Quand je vous vis entrer; j'étais toute tremblante.
Ma situation devint trop violente;
Je souffre; je crains tout, et je n'espère rien.

LINANT.

Vous ne voyez donc pas quel projet est le mien?
Je me rends, chaque jour, utile à votre père....

CONSTANCE.

Vous êtes déjà bien dans l'esprit de ma mère.

LINANT.

Quand il en sera tems, je me découvrirai,
Et je suis sûr qu'alors je les attendrirai.
Avant que de m'ôter mon amour et Constance,
Otez-moi, leur dirai-je, ôtez-moi l'existence;
A Metz, pendant six mois, la voyant tous les jours,
J'appris à la connaître, à l'aimer pour toujours;
Par un noble devoir long-temps séparé d'elle,
Dans les champs de l'honneur j'ai redoublé de zèle;
Enflammé par ce cher et tendre souvenir,
Mon sang paya le grade où j'ai su parvenir.
Il était deux beaux noms auxquels j'osais prétendre:
Capitaine, d'abord; ensuite votre gendre.
J'ai gagné le premier: l'autre dépend de vous,
Et mes vœux sont comblés, si je suis son époux.

CONSTANCE.

Hélas! n'en attendez qu'un refus pour réponse;
Mon père à ses projets mal-aisément renonce.
Pour comble de malheur, Charle arrive aujourd'hui.

LINANT.

Celui qu'on veut vous faire épouser?

CONSTANCE.

Mon Dieu ! oui.

LINANT.

Qu'il arrive ; tant mieux. Laissez, laissez-moi faire,
Et je saurai bientôt lui parler de manière....

CONSTANCE.

Gardez-vous d'un éclat qui nous serait fatal ;
Linant, pensez-y bien.

LINANT.

Je veux voir ce rival.

CONSTANCE.

Il ne manquerait plus que cette étourderie !

LINANT.

Dois-je tranquillement souffrir qu'on vous marie,
Lorsqu'avant peu, peut-être, un succès que j'attends
Pourrait en ma faveur ramener vos parens ?
De quelque avancement on m'a fait la promesse ;
J'ai des droits ; et pour peu que quelqu'un s'intéresse
A les faire valoir. . . .

CONSTANCE.

Allons, cet entretien,
Il le faut avouer, m'a fait un peu de bien ;
Il adoucit ma peine, et me rend l'espérance.

LINANT.

Tâchons donc de nous voir moins rarement, Constance ;
Et pour nous concerter....

CONSTANCE.

O ciel ! j'entends quelqu'un....
Adieu, Linant.

(Elle s'enfuit.)

LINANT.

Eh ! quoi !

## SCENE VI.

LINANT seul.

Le maudit importun !
Est-ce Merville ? non ; c'est son valet de chambre,
Mons Labrosse, un faquin tout plein de musc et d'ambre ;
Il imite son maître, et croit se rajeunir....

## SCENE VII.

LINANT, LABROSSE.

LABROSSE, en entrant, à part.

Sophie en ce salon m'a promis de venir ;
J'arrive le premier.

(Haut, en appercevant Linant.)

Hé ! c'est le jeune artiste !
Enchanté de vous voir. Vous êtes sur la liste
Des hommes que j'estime et que j'aime le plus.

LINANT.

C'est très-heureux pour moi.

LABROSSE.

Vrai ; comptez là-dessus.
Les talens ! j'en suis fou. Mais donnez-moi, de grâce,
Des nouvelles du monde et de ce qui s'y passe.
Monsieur fait bien souvent des courses à Paris ;
Il y va voir les gens qu'il nomme ses amis,
Les belles qu'il courtise, et les grands qu'il ménage ;
Mais il me laisse ici : tous les jours j'en enrage ;
Depuis un mois entier, du monde séquestré,
Je me crois mort, d'honneur ; je me crois enterré.
Avons-nous des beautés qui fassent parler d'elles ?
Paraît-il des romans et des pièces nouvelles ?
J'ai pour le mélodrame un goût particulier....

(En lui offrant du tabac.)

Voulez-vous une prise ?

LINANT, à part.

Il est très-familier.

LABROSSE.

Vous en trouverez peu d'aussi bon que le nôtre ;
C'est celui de monsieur ; moi, je n'en prends pas d'autre.

LINANT.

Je vous suis obligé ; je n'en ai jamais pris.
Vous regrettez beaucoup les plaisirs de Paris ?
Je vous plains, et ne puis là-dessus vous instruire :
Bâtimens et jardins à tracer, à construire,
Voilà ce qui m'occupe à présent tout entier.

LABROSSE.

C'est très-bien. J'aime fort qu'on soit à son métier.

LINANT.

Allez faire le vôtre, en ce cas ; je vous laisse.
Adieu, mon cher.

(Il sort.)

## SCENE VIII.

LABROSSE, seul.

J'attends que ma belle paraisse.
Monsieur repose encore, et nous avons du temps ;
On peut à ses plaisirs donner quelques instans.
Sophie est bien, ma foi !... Maintien sage, air modeste...
Je ne lui déplais pas ; c'est tout simple.... Du reste,
Rien n'est triste, ennuyeux comme cette maison ;
Il faut, à la campagne, au moins pour la saison,
Former, à petit bruit, des liaisons nouvelles,
Afin de mieux jouir des beautés naturelles.
Je puis goûter ici, suivant mon pronostic,
Des loisirs assez doux.... Mais que veut Frédéric ?

## SCENE IX.

### LABROSSE, FRÉDÉRIC.

FRÉDÉRIC.

Bonjour, monsieur Labrosse.

LABROSSE.

Ici que viens-tu faire,
Mon garçon?

FRÉDÉRIC.

Vous voyez; j'apporte, à l'ordinaire,
Les journaux d'hier au soir qui n'ont pas été lus,
Dont on n'a même encor pas défait le dessus;
Car c'est là votre charge, et puis d'en rendre compte.
Lisez donc, et voyez ce que chacun raconte.

LABROSSE.

Oui; monsieur s'en rapporte à mon discernement;
Je parcours.... je choisis. Mets-moi là, mon enfant,
Ce fatras de papiers qu'il faut que je dévore,
Puis entre chez monsieur; il n'est pas jour encore;
Mais quand il sonnera pour se faire habiller,
(Comme je vais ici rester à travailler),
Si l'application m'empêchait de l'entendre,
Tu viendrais m'avertir. Hein! je me fais comprendre,
N'est-il pas vrai?

FRÉDÉRIC.

Très-bien, monsieur Labrosse.

LABROSSE.

Va,
Mon cher.

FRÉDÉRIC va pour sortir, et revient.

Ecoutez donc. A propos de cela,
Je voudrais bien de vous apprendre quelque chose....

LABROSSE.

Quoi donc ?

FRÉDÉRIC.

C'est que je crains....

LABROSSE.

Ma présence t'impose ?
Remets-toi, Frédéric ; parle-moi librement.

FRÉDÉRIC.

Vous le permettez ?

LABROSSE.

Oui.

FRÉDÉRIC.

Dites-moi donc comment
Vous savez à monsieur vous rendre nécessaire ;
Donnez-moi les moyens que vous avez de plaire.
Vous le servez fort mal : il vous préfère à nous ;
Il souffre vos défauts, et vous les passe tous ;
Il eût chassé vingt fois tout autre à votre place.
Comment faites-vous donc ? instruisez-moi, de grâce ;
Que je puisse, à mon tour, de vos leçons nourri,
Devenir de monsieur le second favori.

LABROSSE.

Tu prétends un peu trop, mon cher ; cela te passe ;
Cela demande un tact, une certaine grâce....
C'est un talent ; tu peux l'acquérir quelque jour :
Commence, en attendant, par me faire la cour.

FRÉDÉRIC.

A vous, monsieur Labrosse ?

LABROSSE.

Oui, sans doute, à moi-même,
Et je te formerai ; car, dans le fond, je t'aime.
Je vois Sophie... Allons... va donc où je t'ai dit.
Tu m'as bien entendu. Sois exact.

FRÉDÉRIC.

Il suffit.

( Il entre dans l'appartement de Merville, sur un des côtés du théâtre. )

## SCENE X.

SOPHIE, *apportant du chocolat*, LABROSSE.

LABROSSE.

Eh! je vous attendais. Venez donc, ma très-belle.
Votre cœur ne sent pas que le mien vous appelle?

SOPHIE.

Ah! vraiment! j'enrageais; mais quoi! dans notre état,
Fait-on ce que l'on veut?... Voici le chocolat
Que pour le déjeûner de monsieur votre maître
Vous avez demandé.

LABROSSE.

C'est vous-même, peut-être,
Qui l'avez préparé? Je le crois excellent,
Si cette belle main....

SOPHIE.

Vous êtes trop galant.
Oui, c'est moi qui l'ai fait.

LABROSSE.

Je vous rends mille grâces.
Maintenant, s'il vous plaît, apportez-nous deux tasses,
Et venez vous asseoir.

SOPHIE.

Deux tasses!... et pourquoi?

LABROSSE.

L'une sera pour vous, l'autre sera pour moi.

SOPHIE.

Je ne vous comprends pas.

LABROSSE.

C'est que, si bon vous semble,
Ce chocolat parfait, nous l'allons prendre ensemble.

SOPHIE.

Vous l'avez demandé pour monsieur?

LABROSSE.

Mon Dieu! non.

SOPHIE.

Mais....

LABROSSE.

Il n'en prend jamais; il ne l'aime pas.

SOPHIE.

Bon!

LABROSSE.

D'honneur.

SOPHIE.

C'est donc pour vous que vous l'avez fait faire?

LABROSSE.

Pour vous-même, Sophie. Heureux, s'il peut vous plaire,
D'avoir à vous offrir un petit déjeûner
Sans façon.... et pas cher! Rien ne doit vous gêner;
Acceptez : rendez-vous, ma reine, à mes prières....

SOPHIE.

(Elle va chercher deux tasses sur une console, et les apporte. Ils s'asseyent.)

Savez-vous que voilà les plus belles manières?

(Ils se mettent à prendre le chocolat.)

J'admire cette aisance et ce ton....

LABROSSE.

Ah! vraiment!...

SOPHIE.

Vous voyez le grand monde?

LABROSSE.

Il est mon élément.

SOPHIE.

Vous êtes bien heureux. Eh! mais.... je crois entendre...
Si votre maître allait venir et nous surprendre?...

LABROSSE.

Par exemple, soyez tranquille sur ce point,
Et comptez qu'à présent monsieur ne viendra point.

Il faut, pour qu'il se lève, un peu plus de mystère,
Et ces premiers momens veulent mon ministère.
Il y faut des façons, il y faut des apprêts,
Et ce sont, entre nous, des secrets.... très-secrets.

SOPHIE.

Je trouve qu'il ressemble à ces vieilles coquettes
Qui se font remarquer par leurs folles toilettes.

LABROSSE.

Aussitôt qu'il s'éveille, il me sonne; j'y vas
Quelquefois; quelquefois aussi je n'y vas pas,
Selon qu'il me convient.

SOPHIE.

Mais c'est assez commode.

LABROSSE.

Pourquoi donc se gêner? ce n'est pas ma méthode.
Quant à monsieur, j'en fais assez ce que je veux;
Je suis son confident : il me conte ses feux,
Ses progrès, ses revers, ses desirs et ses craintes,
Et ses petits complots, et ses petites plaintes;
Car tout cela l'occupe encor comme à vingt ans.

SOPHIE.

Le pauvre homme! il devrait avoir, depuis long-temps,
Oublié tout-à-fait cet amoureux langage;
Car, malgré tous ses soins pour déguiser son âge,
Il me semble qu'il est bien vieux.

LABROSSE.

Mettez encor
Qu'il fut jeune, et très-jeune, et s'en ressent bien fort.

SOPHIE.

J'entends. Je m'en doutais assez aux apparences.
Comment recevez-vous ses tendres confidences?

LABROSSE.

Moi? comme je le dois; applaudissant toujours,
Toujours encourageant et flattant ses amours.

2

SOPHIE.

Quel moyen prenez-vous, pour que vos flatteries
Ne lui paraissent pas souvent des menteries ?
Merville à vos discours peut-il ajouter foi ?

LABROSSE.

Son amour-propre encor le trompe plus que moi.
Voyez-vous ? lui complaire et le louer en face,
C'est là tout le travail où se réduit ma place.
J'en connais les devoirs : aussi je les remplis.
Je m'en acquitte bien : j'en juge à mes profits.
Croyez-moi, ma très-belle, et faites-en de même.
La vérité déplaît ; flattez pour qu'on vous aime.

SOPHIE.

Singulier caractère au moins que celui-là !

LABROSSE.

Ah ! je n'ai pas toujours été comme cela.
Tandis qu'on ne sert point, on est ce qu'on veut être ;
Mais on est ce qu'on peut, quand on a pris un maître.
Monsieur veut quelque chose ; irai-je contester ?
Ma foi ! non ; je suis bien, et je veux y rester.

SOPHIE.

Et vous avez raison.

LABROSSE.

Il faut que je vous dise
Que d'un nouvel amour le cher patron s'avise.

SOPHIE.

Allons ; vous plaisantez.

LABROSSE.

Voulez-vous, en secret,
De nos feux d'aujourd'hui savoir quel est l'objet ?

SOPHIE.

Oui. C'est ? . . .

LABROSSE.

Je gagerais presque mon existence
Que monsieur à présent songe à plaire à Constance.

(On entend sonner.)

SOPHIE.

Prenez garde ; on vous sonne, et je l'entends fort bien.

LABROSSE.

Je l'entends bien aussi ; mais cela ne fait rien.

SOPHIE se levant.

Comment ? vous n'allez pas ?

LABROSSE.

Ne bougez donc, ma chère.

SOPHIE.

Comme vous le disiez, vous ne vous gênez guère.

LABROSSE.

Pas beaucoup ; il est vrai. Qui flatte bien sert mal.
C'est la règle.

(Toujours assis, et prenant la main de Sophie.)

Pour vous mon amour sans égal
Mérite du retour ; il faut qu'il en obtienne. . . .

(On entend encore sonner.)

SOPHIE.

On sonne encore ; adieu. Je tremble qu'on ne vienne ;
Je me sauve, et j'emporte exprès le déjeûner.

(Elle s'enfuit, emportant le déjeûner.)

LABROSSE se levant, et tirant sa montre.

Restez donc ; j'ai du tems encore à vous donner.

## SCENE XI.

LABROSSE seul, la montre à la main.

Cette Sophie, autant que je m'y puis connaître,
Est encor bien novice. . . Allons lever mon maître ;
Je suis libre, et n'ai rien qui me retienne ici ;
Il est juste à présent qu'il ait son tour aussi.

(Il entre dans l'appartement de Merville.)

FIN DU PREMIER ACTE.

# ACTE II.

## SCENE PREMIERE.

M. ROLLIN, CHARLES.

M. ROLLIN.

Sois le bien arrivé, Charle; à ce que j'entends,
Tu n'as pas à Paris mal employé ton tems?

CHARLES.

Je n'en ai pas perdu; car avec le notaire
Ce matin seulement j'ai fini votre affaire;
Et j'accours.

M. ROLLIN.

Ici, Charle, à toi l'on a pensé.

CHARLES.

Et de vous revoir tous j'étais bien empressé.

M. ROLLIN.

Comment as-tu laissé nos amis, la famille?

CHARLES

Chez tous vos chers enfans la bonne santé brille;
Vous les verrez bientôt; je crois qu'ils vont venir.

M. ROLLIN.

Bon. Les voir tous ici, c'est mon plus grand plaisir.
Nous n'aurons de deux mois pourtant ma fille aînée
Qu'en voyage avec lui son époux a menée.

CHARLES.

Mais leur petite fille au moins pendant ce tems
Auprès de vous remplace un peu ses chers parens.
Comment va, dites-moi, cette espiègle Amélie?

M. ROLLIN.

Fort bien. Elle devient tous les jours plus jolie.

CHARLES.

Oh! ça, je suis encor chargé de vous presser
Une dernière fois, de vous intéresser
Dans cette grande affaire... On la croit assez sûre.

M. ROLLIN.

D'après ce que j'en sais, j'en tire un bon augure;
Mais le travail que j'ai désormais me suffit;
Je ne veux rien de plus.

CHARLES.

C'est là ce que j'ai dit.

M. ROLLIN.

Je refuse à présent toute affaire nouvelle;
Mais celle-ci, voyons, Charles, te convient-elle?
Alors prends-y toi-même un intérêt.

CHARLES.

Qui? moi?

M. ROLLIN.

Eh! oui, mon cher, commence à travailler pour toi.

CHARLES.

Non. Rien ne presse encore, et tant que mes services
Pourront vous convenir....

M. ROLLIN.

Il faut que tu saisisses,
Puisqu'elle s'offre à toi, pareille occasion.
Je te ferai tes fonds, serai ta caution.

CHARLES.

Vous seriez assez bon?

M. ROLLIN.

Veux-tu que je te parle
Plus clairement encore? Ecoute-moi bien, Charle.

En fils plus qu'en commis je t'ai toujours traité;
Depuis plus de quinze ans tu ne m'as point quitté,
Si ce n'est lorsqu'épris d'un beau feu pour la guerre
Tu t'en allas courir et par mer et par terre.
Tu dois m'aimer un peu?

CHARLES.

Je serais bien ingrat!...

M. ROLLIN.

Je t'aime aussi; je songe à te faire un état.

CHARLES.

Vous voulez?

M. ROLLIN.

C'est de moi ce que Charles mérite.
Tu me fus très-utile; il faut que je m'acquitte.
Mon cher, je te connais; je crois t'être connu.
Tu sais fort bien qu'à l'age où je suis parvenu,
Lorsque je veux jeter un coup d'œil en arrière,
Je puis être content de ma longue carrière;
Je fus dans ma jeunesse actif, industrieux;
J'ai coulé sagement des jours laborieux;
J'ai trouvé dans ma femme une excellente amie,
Un ange de raison, d'ordre, d'économie;
Elle a fait ma maison: femme qui pense ainsi
Est fort rare, mon cher, surtout en ce tems-ci;
Nous avons par nos soins vu, d'année en année,
S'accroître une fortune autrefois très-bornée,
Sans avoir, Dieu merci, rien à nous reprocher.
Par les plus chers liens pour mieux nous attacher,
Notre amour mutuel, pendant notre jeune âge,
D'un enfant chaque année augmentait le ménage.
Le ciel nous a bénis; ils sont tous gens de bien;
Et j'ai pour ma vieillesse en eux plus d'un soutien.

Or, pour avoir rempli ma tâche toute entière,
Il ne me reste plus qu'à pourvoir ma dernière,
Ma petite Constance; elle atteint dix-sept ans;
Tu la vois tous les jours depuis assez long-tems.
Je ne la vante point; mais elle est raisonnable;
Elle a beaucoup d'esprit, un caractère aimable;
Elle tient de sa mère, en un mot; je ferai
Un vrai cadeau, je crois, quand je la donnerai.
Je te la donne à toi, si tu veux; sois mon gendre.

CHARLES.

Moi?

M. ROLLIN.

Toi, sans doute.

CHARLES.

O ciel! j'étais loin de m'attendre....
Vous m'honorez beaucoup; et quel remercîment?...

M. ROLLIN.

Ce n'est pas là parler; réponds-moi franchement.

CHARLES.

Je n'ai, vous le savez, pas la moindre fortune.

M. ROLLIN.

De l'ordre, et du travail, c'est de quoi s'en faire une.
Je n'avais rien non plus; fais donc comme j'ai fait,
Et la même conduite aura le même effet.
Sais-tu qu'on m'a déjà demandé ma Constance
Au moins cinq ou six fois? mais j'ai fait résistance;
Car c'est toi que toujours j'ai voulu préférer.

CHARLES.

Je vous le dis encor, c'est beaucoup m'honorer;
C'est m'offrir, je le sens, un très-grand avantage.
Mais l'aimable Constance est bien jeune; et mon âge....

M. ROLLIN.

Y penses-tu? ton âge....

CHARLES.

Est le double du sien;
Car j'ai trente-quatre ans.

M. ROLLIN.

Trente-quatre ans! eh! bien!

CHARLES.

Ajoutez, car enfin il faut être sincère,
Que je suis sérieux, grave par caractère.
Je puis pour le commerce avoir quelque talent;
Mais je m'entends fort mal au métier de galant.
Mon air franc, ma rondeur me sert dans les affaires;
Les complimens alors sont fort peu nécessaires;
Mais le beau sexe veut des soins plus délicats,
Et les airs trop unis ne lui conviennent pas.

M. ROLLIN.

Constance est raisonnable; et pendant ton absence
J'ai voulu sur mon plan la pressentir d'avance.
Ce fut lundi dernier, lundi, je m'en souvien,
Qu'avec elle le soir j'eus un long entretien;
Sans peine à mon projet elle a paru souscrire;
Je ne vois point d'obstacle à ce que je desire;
Tu n'en vois pas non plus?

CHARLES.

Dites-moi, s'il vous plaît;
Mon oncle est-il par vous instruit de ce projet?

M. ROLLIN.

Qui? Merville? A mon plan penses-tu qu'il s'oppose?
D'un refus de sa part quelle serait la cause?
Tu n'as pas grand besoin d'ailleurs de son aveu.
Il me semble pour toi qu'il fit toujours très-peu.

CHARLES.

Rien du-tout. C'est pour lui que mon oncle dépense.
J'ai dans mon travail seul trouvé mon existence.
Même d'entrer chez vous lorsque j'eus le bonheur,
Ce ne fut point à lui que j'en dus la faveur.
Mais il n'en est pas moins le frère de mon père.
J'ai perdu mes parens; après eux je révère
Cet oncle qui me reste, et je crois lui devoir....

M. ROLLIN.

De te faire du bien il aurait le pouvoir.
Il est encore ici; même il paraît s'y plaire;
Par égard, par respect nous lui dirons l'affaire;
Et son consentement ne lui coûtera rien.
Ainsi nous l'obtiendrons, Charles; j'y compte bien.
Pour ma femme, tu sais qu'elle t'aime et t'estime;
Le même sentiment, elle et moi, nous anime;
Allons, prends ton parti; veux-tu nous refuser?

CHARLES.

A votre volonté que pourrais-je opposer?
Ne pas vous obéir serait ingratitude;
Je tiendrai tout de vous, et j'en ai l'habitude.

M. ROLLIN.

Eh, bien! voilà parler; tu consens?

CHARLES.

Ah! monsieur!
Mon père!

(Il lui prend la main et veut la baiser.)

M. ROLLIN.

Embrasse-moi!

CHARLES.

C'est bien du fond du cœur.

M. ROLLIN.

En de si sûres mains quand je remets ma fille,
J'agis en homme sage, en père de famille;
Vous vivrez avec nous.

CHARLES.

Tout ce que vous voudrez.

M. ROLLIN.

Vous vous aimerez bien, et vous nous aimerez.

## SCENE II.

M. ROLLIN, AMÉLIE, CHARLES.

AMÉLIE, accourant.

Bonjour, mon bon papa.

M. ROLLIN.

Que veux-tu, ma petite?

AMÉLIE.

C'est un monsieur qui veut te parler tout de suite,
Et ma bonne maman m'a dit de t'avertir.

M. ROLLIN.

Et toi, quand il s'agit d'aller et de venir,
C'est ton fort.

AMÉLIE.

Pour courir, moi, je suis toujours prête.
Bonjour, Charles.

CHARLES.

Bonjour, chère enfant.

M. ROLLIN, à Charles.

Dans ta tête
Repasse nos projets, et dans un autre instant
Nous en reparlerons; je te laisse content,
N'est-il pas vrai?

CHARLES.

Croyez que jusqu'au fond de l'âme
Je sens....

M. ROLLIN.

Trève aux transports; garde-les pour ta femme,
Charle.

AMÉLIE.

Pour ta femme? Ah! j'entends bien ce mot-là!
C'est clair.

M. ROLLIN.

Oui!.. Qu'entends-tu?

AMÉLIE.

Je m'en doutais déjà.

M. ROLLIN.

Tu t'en doutais? vraiment!.. Oh! je te crois bien fine.

AMÉLIE.

Eh! bien? mon bon papa, gageons que je devine.

CHARLES.

Elle est charmante.

AMÉLIE.

On va faire une noce ici,
Et le nom du futur, c'est Charle: oh! mon Dieu! oui.
Il sera le mari de ma tante Constance.

M. ROLLIN.

Paix. Songez là-dessus à garder le silence.

AMÉLIE.

J'ai donc bien deviné?

M. ROLLIN.

Viens voir ta grand'maman.
Donne la main.

AMÉLIE, en sortant, à Charles.

Adieu, mon oncle.

(M. Rollin sort et emmène Amélie.)

## SCENE III.

CHARLES, seul.

Aimable enfant!
Eh, bien! j'ai vu Constance à peu près à cet âge;
Elle avait ce maintien, ce regard, ce langage.
Combien elle a de fois oué sur mes genoux!
Qui m'aurait dit qu'un jour je serais son époux?
Son père me la donne; il m'aime, il me confie
Le bonheur, le destin de sa fille chérie;
Je ne tromperai point ce paternel espoir;
J'en ferai mon plaisir, j'en ferai mon devoir;
C'est l'unique moyen qui soit en ma puissance
D'acquitter ma tendresse et ma reconnaissance.

## SCENE IV.

CHARLES, FRÉDÉRIC.

FRÉDÉRIC, sortant de l'appartement de Merville.
Ah! monsieur Charle, ici vous êtes de retour?
Depuis quand?

CHARLES.
Te voilà, Frédéric? Eh! bonjour.
Pourrais-je voir mon oncle?

FRÉDÉRIC.
On vient de m'éconduire.
Ils ont, tous les matins, quelque chose à se dire:
On ne peut pas entrer; Labrosse est avec lui.

CHARLES.
Mon cher oncle se lève un peu tard, aujourd'hui.

FRÉDÉRIC.
Tard? eh! mais non, pas trop: comme à son ordinaire.

CHARLES.
Il me faudrait attendre, et j'ai beaucoup à faire.

Dans un autre moment je viendrai le revoir.
Aussitôt qu'il pourra chez lui me recevoir,
Tu m'en avertiras.

FRÉDÉRIC.

Oui, monsieur, tout de suite;
Je n'y manquerai pas.

(Charles sort.)

## SCENE V.

FRÉDÉRIC, seul.

J'enrage. Quel mérite
Ce Labrosse a-t-il donc? il ment à tout propos.
J'en étais en colère.... Ah! voilà les journaux
Dont il devait ici faire seul la lecture;
Il n'a pas seulement défait la couverture...
Si j'y regardais, moi! Si j'allais, par bonheur,
Y trouver quelque article agréable à monsieur!
Que sait-on? il faut voir.

(Il défait quelques enveloppes de journaux, et se met à lire.)

Ah! mon Dieu! le beau style!
Tous les jours de l'esprit! lecture bien utile!
Ah! justement, je trouve ici ce qu'il me faut.

## SCENE VI.

FRÉDÉRIC, LABROSSE.

LABROSSE.

Vîte, allons! Frédéric, un fauteuil au plutôt.

FRÉDÉRIC, à part.

Un bon article!

LABROSSE.

Eh bien! faut-il que je répète?
Monsieur dans ce salon vient finir sa toilette.
Un fauteuil.

FRÉDÉRIC.

J'entends bien ; je m'en vais l'approcher.

(Il avance le fauteuil.)

LABROSSE.

Et puis le nécessaire ; allons, va le chercher.
Voici Monsieur.

## SCENE VII.

M. DE MERVILLE, (en robe de chambre) LABROSSE, puis FRÉDÉRIC, (qui apporte un nécessaire de toilette, et le pose sur une table.)

M. DE MERVILLE.

Ici nous serons à merveille :
J'aime à voir des objets rians, quand je m'éveille ;
Cette autre pièce est triste, et le meuble en est vieux ;
Dans celle-ci la vue est gaie....

LABROSSE.

Elle est bien mieux.

M. DE MERVILLE.

Moi, j'ai toujours aimé la nature champêtre ;
Je la trouve admirable à voir . . . par la fenêtre.
Ces bois, ces prés, ces fleurs, la fraicheur du matin....

FRÉDÉRIC.

Il est onze heures.

LABROSSE, à Frédéric.

Paix.

M. DE MERVILLE.

J'aime fort ce lointain....

LABROSSE.

Voilà de quoi, monsieur, échauffer votre muse.

M. DE MERVILLE.

Labrosse, vous disiez ?.... quelle était votre excuse ?
Quand je vous ai sonné, vous n'êtes pas venu ?....

LABROSSE.

Je disais à monsieur que je ne l'ai pas pu.

M. DE MERVILLE.

Pourquoi?

LABROSSE.

Je recevais une aimable visite.

M. DE MERVILLE.

Une femme?

LABROSSE.

Oui, monsieur.

M. DE MERVILLE.

Je vous en félicite.

LABROSSE.

On ne peut refuser....

M. DE MERVILLE.

Je vous fais compliment.
Elle était là.... pour vous?

LABROSSE.

Pour moi? non sûrement.
Ici, dès le matin, messagère discrète,
Elle faisait parler sa maîtresse inquiète,
Qui, s'occupant de vous sitôt que le jour luit,
Veut savoir si monsieur a bien passé la nuit.

M. DE MERVILLE.

Je lui suis obligé. Voilà ce qui s'appelle
Des attentions.... Mais la dame, quelle est-elle?

LABROSSE.

Vous ne devinez pas?...

M. DE MERVILLE.

Si la belle Sergy,
Cette charmante femme, était encore ici,
Je croirais.... De qui donc vient l'aimable message?

LABROSSE.

Allons! Monsieur le sait tout comme moi, je gage.

M. DE MERVILLE.

S'il n'est pas de Constance, il m'est indifférent.

LABROSSE.

De Constance? à merveille. Il en vient, justement.
On vous gâte, monsieur; dès que vous voulez plaire....

M. DE MERVILLE.

Et ma toilette, enfin, vous plaît-il de la faire?

LABROSSE.

Quand vous voudrez, monsieur.

M. DE MERVILLE.

Donnez-moi mon habit.

(Il se met devant une glace, pour passer son habit.)

J'ai les yeux tout battus.... Ce miroir-là jaunit....
Les glaces aujourd'hui sont vraiment odieuses....
On ne sait plus du tout les faire avantageuses
Comme autrefois.... C'était un plaisir de s'y voir!

LABROSSE.

Tous les arts, parmi nous, ne font plus que décheoir.

M. DE MERVILLE.

C'est une vérité que tu dis; on l'éprouve;
Les talens sont éteints; pas un ne se retrouve;
Et l'on vient nous vanter des ouvrages nouveaux!...
A propos, ce matin que disent les journaux?

LABROSSE.

Fort peu de chose ou rien.

M. DE MERVILLE.

Quoi?

LABROSSE.

Rien de remarquable.

FRÉDÉRIC.

Ah! rien. Je viens d'y voir une chose admirable,
Ce qu'il faut à monsieur. Je lui suis attaché.

M. DE MERVILLE.

Labrosse, contre vous j'ai lieu d'être fâché;
Vous laissez échapper un article semblable....

FRÉDÉRIC.

Je ne l'ai pas manqué.

LABROSSE.

Tu fais bien le capable!

M. DE MERVILLE.

Laissez-le dire. Lis, mon pauvre Frédéric,
Ton article important. Lis.

FRÉDERIC, lisant.

AVIS AU PUBLIC.

LES DÉLICES D'HÉBÉ...

M. DE MERVILLE.

Qu'est-ce?

FRÉDÉRIC.

*Ou l'eau de Jouvence,*
*Qu'il faut recommander à ceux dont l'âge avance.*
*Ce puissant Elixir rend le teint jeune et frais....*

M. DE MERVILLE.

Quel galimathias est-ce que tu nous fais?

FRÉDÉRIC.

Mais je crois qu'à monsieur cela peut être utile.
Comme il n'est plus très-jeune, et qu'il veut...

LABROSSE.

Imbécille!
Monsieur est au printemps, à la fleur de ses jours.

FRÉDÉRIC.

Ah! par exemple!

M. DE MERVILLE.

Paix. Cessez vos sots discours.

FRÉDÉRIC.

Moi, je parle à monsieur en serviteur fidèle;
Je dis la vérité, pour lui prouver mon zèle.

LABROSSE.

Mais, avant de parler, aie un coup d'œil moins faux.
Ce n'est pas ton emploi de lire les journaux.

M. DE MERVILLE, à Frédéric.

Sortez.

LABROSSE.

Monsieur veut-il qu'à l'instant je le chasse?

M. DE MERVILLE.

Il le mériterait; mais pour cette fois, passe.
(A Frédéric.)
Laisse-nous.

LABROSSE.

Que ceci te serve de leçon!

FRÉDÉRIC, à Labrosse.

Vous êtes bien heureux d'avoir toujours raison!

(Il sort.)

## SCENE VIII.

M. DE MERVILLE, LABROSSE.

M. DE MERVILLE.

En vérité, souvent sa sottise m'excède.
Cet animal est cause, en parlant de remède,
D'élixir, que j'ai cru quelque peu ressentir....

LABROSSE.

Quoi donc?

M. DE MERVILLE.

Ma sciatique. A ne te point mentir,
J'ai cru, ces jours derniers, en avoir une atteinte;
Des douleurs vagues....

LABROSSE.

Bon! n'ayez aucune crainte;

M. DE MERVILLE.

Quelquefois tout d'un coup je m'en sens tourmenté.

LABROSSE.

Ces douleurs-là toujours sont signes de santé.

M. DE MERVILLE.

Labrosse, sais-tu bien qu'à Paris on s'étonne
De voir qu'à la campagne ainsi je m'emprisonne?
Tu sais comme j'y vins : madame de Sergy
D'abord était l'objet qui m'attirait ici;
Le bon Rollin m'est cher presque depuis l'enfance;
Mais nos goûts, nos humeurs n'ont point de ressemblance;
Nous nous voyions très-peu, quand cette femme-là,
Que depuis quelque temps je poursuivais déjà,
Acheva, dans un bal, de me tourner la tête.
Je me promis tout bas sa brillante conquête;
Je quittai brusquement Florise, et tu pus voir
De cette pauvre enfant quel fut le désespoir.
Mais l'autre, aussi, me sut bon gré du sacrifice;
Elle-même m'offrit l'occasion propice
De passer quelque temps ensemble chez Rollin,
Et j'y fus amené par elle un beau matin.
On m'y reçoit fort bien; je m'y plais, et j'y reste.

LABROSSE.

Vous ne dites pas tout;... vous m'entendez de reste.
La dame avait pour vous des bontés....

M. DE MERVILLE.

Tôt ou tard
Cela fût arrivé, sans ce brusque départ,
Et ses tristes adieux m'ont prouvé sa tendresse....
Aussi pour la gagner j'avais usé d'adresse.
Eveiller l'amour-propre, armer la vanité,
Mettre en jeu les ressorts de la rivalité,
Opposer l'une à l'autre, est l'art d'avoir les belles,
C'est un profit pour nous, quand la guerre est entre elles.
Sur les femmes, d'ailleurs, l'exemple est tout puissant;
Qu'une tombe, aussitôt l'autre marche en glissant:

De la dame voulant vaincre la résistance,
J'ai donc feint d'adresser mon hommage à Constance;
En pareil cas, cela m'a vingt fois réussi;
Mais, Labrosse, sais tu ce qui m'arrive ici?
Une chose étonnante....

LABROSSE.

Eh! quoi donc?

M. DE MERVILLE.

Le dirai-je?
A cette femme-là j'ai voulu tendre un piége,
Et je crains d'y tomber... j'y tombe... je le sens.

LABROSSE.

Vous, Monsieur?

M. DE MERVILLE.

Oui, moi-même; en un mot, je me prends:
Je deviens tout de bon amoureux.

LABROSSE.

C'est possible.

M. DE MERVILLE.

Tu m'as vu quelquefois profondément sensible.
De Constance à présent l'image me poursuit.

LABROSSE.

D'ailleurs, l'autre est partie.

M. DE MERVILLE.

A peine, cette nuit,
Ai-je pu fermer l'œil; pendant mon insomnie,
J'ai fait de jolis vers.

LABROSSE.

Jamais votre génie
Ne peut se reposer.

M. DE MERVILLE.

On a parlé de bal,
Et cela m'a fait faire un charmant madrigal.

De peur de l'oublier, voyons, je veux l'écrire;
Du papier, un crayon: faut-il te le redire?

LABROSSE prend dans le nécessaire ce qu'il faut pour écrire.

Voici ce qu'il vous faut

M. DE MERVILLE, écrivant sur ses genoux.

La tournure m'en plaît.
C'est une circulaire en vers, c'est un billet,
Une invitation aux dames pour la fête.
Ecoute.

LABROSSE.

Ah! volontiers. A jouir je m'apprête.

M. DE MERVILLE, lisant.

*Venez au bal; quand vous dansez,*
*Sur vos pas le desir s'élance;*
*Et tandis que vous balancez,*
*Il n'est point de cœur qui balance.*

LABROSSE.

Comment avez-vous dit? de grâce, répétez.
C'est divin.

M. DE MERVILLE.

Sans effort ces vers-là sont jetés.
*Venez au bal; quand vous dansez,*

LABROSSE.

*Sur vos pas le desir s'élance;*

M. DE MERVILLE.

*Et tandis que vous balancez,*

LABROSSE.

*Il n'est point de cœur qui balance.*
J'entends... un calembourg.

M. DE MERVILLE.

Spirituel, aimable.

LABROSSE.

Sublime. Que d'esprit! quel talent admirable!

Quand j'y songe, où va-t-on chercher ces jeux de mots?
Je veux faire un recueil, moi, de vos madrigaux.

M. DE MERVILLE.

Je compte bien aussi figurer à la danse.

LABROSSE.

Ah! je le crois.

M. DE MERVILLE.

J'y veux walser avec Constance.

LABROSSE.

Fort bien.

M. DE MERVILLE.

Dans le salon tâche de te glisser
Et surtout pour me voir songe à te bien placer.

LABROSSE.

Ma foi! sans vous flatter, je ne connais personne
Qui danse comme vous....

M. DE MERVILLE.

Oui, quand je m'abandonne;
J'ai du feu!.. Mais la walse est mon goût favori.
J'aime, surtout, cet air... Tiens, n'est-il pas joli?
(Il chante un air de walse d'une voix un peu cassée.)

LABROSSE.

Mon dieu! que vous avez la voix fraîche et légère!

## SCENE IX.

*Les mêmes*, CHARLES, *qui est entré pendant la fin de la scène précédente, et qui a entendu chanter son oncle.*

CHARLES.

Est-ce quelque air nouveau que vous venez de faire,
Mon oncle?

M. DE MERVILLE.

Ah! mon neveu! c'est vous?

CHARLES.

Il est très-bien.

M. DE MERVILLE.

Charmé de vous revoir.

CHARLES.

De Paris je revien,
Et vous rends mes devoirs. Mais que rien ne vous gêne.
Continuez, de grâce.

M. DE MERVILLE.

Oh ! ce n'est pas la peine.

CHARLES.

On connaît vos talens, mon oncle, et pour ma part
J'en suis admirateur.

M. DE MERVILLE.

Adieu ; car il est tard.

(Il va pour sortir, et revient.)

Mais qu'est-ce que je vois ?.. Venez... que je vous parle.

(Il le tire à part.)

J'ai pour vous de l'estime et de l'amitié, Charle.

CHARLES.

J'en suis reconnaissant.

M. DE MERVILLE.

Vous ne m'en voudrez pas ?...
C'est que de votre habit le collet est trop bas.

CHARLES.

Je laisse mon tailleur agir à sa méthode.

M. DE MERVILLE.

Ces collets-là ne sont plus du tout à la mode.
Ceux qu'on porte à présent sont beaucoup plus jolis.
J'ai cru sincèrement vous devoir cet avis.
Après cela, prenez le parti convenable.

CHARLES.

Voilà ce qui s'appelle un avis raisonnable,
Mon oncle ; je suivrai la mode et votre goût.

M. DE MERVILLE.

J'ai cent choses à faire, et le matin surtout.

Je reçois tous les jours, quoiqu'un peu loin du monde,
Trente billets auxquels il faut que je réponde ;
Les femmes aiment fort qu'on écrive souvent ;
Adieu donc. Je n'ai pas à perdre un seul moment.

(Il rentre dans son appartement. Labrosse le suit, emportant le nécessaire.)

CHARLES.

Il y paraît.

## SCENE X.

CHARLES, seul.

Mon oncle est jeune pour son âge ;
Tantôt d'un grave objet il fait un badinage ;
Tantôt un rien lui semble un important devoir ;
Mais quel jeune homme ici viens-je d'apercevoir ?
C'est Linant... J'en suis sûr.... Rencontre singulière !
Je n'oublîrai jamais où, de quelle manière
Je l'ai connu... Mais quoi ? Que fait-il chez Rollin ?
Depuis quand ?

## SCENE XI.

M.me ROLLIN, CHARLES.

M.me ROLLIN.

C'est vous, Charle ? On vous rencontre enfin.
Je ne vous ai point vu depuis votre arrivée.

CHARLES.

Moi, j'ai cherché long-tems, sans vous avoir trouvée.

M.me ROLLIN.

Avez-vous, dites-moi, prévenu mon mari
Que ses enfans ce soir dûssent venir ici ?

CHARLES.

Je savais qu'il aurait grand plaisir à l'apprendre.
Je l'ai dit.

M.me ROLLIN.

Ah! tant pis; nous voulions le surprendre....
Mais lui-même, il vous a fait part de ses projets ?

CHARLES.

Vous voulez tous les deux m'accabler de bienfaits;
Il faut les mériter; c'est le but où j'aspire.

M.me ROLLIN.

Aimez-nous bien.

CHARLES.

Pardon; mais pourriez-vous me dire
Si je me suis trompé? J'ai vu, dans le jardin,
Tout à l'heure, un jeune homme avec monsieur Rollin;
Ils étaient un peu loin; mais j'ai cru reconnaître
L'étranger....

M.me ROLLIN.

Un jeune homme? En ce cas, ce doit être
Le nouvel architecte; il s'appelle Durand.

CHARLES.

Et moi, je l'ai connu sous un nom différent.

M.me ROLLIN.

En êtes-vous bien sûr?

CHARLES.

Oh! je vous certifie
Qu'il était officier dans le corps du Génie.
Il s'appelait Linant.

M.me ROLLIN.

Ce nom-là m'est connu;
Linant!.. Je me souviens... Mais où l'avez-vous vu?

CHARLES.

A l'armée, autrefois; c'était dans une affaire.
C'est, je vous en réponds, un brave militaire:
J'en sais un trait auquel on peut ajouter foi;
J'étais présent.

M.$^{me}$ ROLLIN.

Eh bien ! voyons ; dites-le moi.
Toujours un vieux soldat aime à conter ses guerres.

CHARLES.

De mes propres exploits je ne me souviens guères ;
Mais pour le trait brillant de ce jeune officier,
Quand je vivrais cent ans, je ne puis l'oublier.
Il ne m'a pas alors remarqué dans le nombre ;
Mais moi, je l'ai bien vu malgré la nuit et l'ombre.
C'est en Egypte, au Caire, où le fait s'est passé.
Pour garder un quartier que nous avions forcé,
Nous nous étions jetés dans une rue étroite
Dont nous tenions la gauche, et l'ennemi la droite ;
Pour mieux nous maintenir dans ce poste surpris,
Il fallait débusquer les gens de vis-à-vis ;
Nous avions avec nous, dans cette circonstance,
Un seul ingénieur, jeune homme d'espérance ;
Quoiqu'il parût avoir dix-huit ans tout au plus,
Son langage était ferme, et ses airs résolus ;
C'est trop brûler, dit-il, de la poudre perdue ;
Il faut jeter un pont qui traverse la rue ;
Dans trois heures au plus je veux qu'il soit construit.
Il nous trace l'ouvrage ; il ordonne, il conduit.
Figurez-vous en l'air quelques planches jetées,
Passant d'un toit sur l'autre, à la hâte ajustées ;
Par le feu, la fumée et le bruit étourdi,
L'ennemi laissa faire un travail si hardi.
A la fin, vers le soir notre machine est prête ;
On veut monter ; mais lui s'élance à notre tête :
Mes amis, un moment ; je passe le premier ;
Puisque j'ai fait le pont, je prétends l'essayer.
Je vois encor d'ici nos sapeurs à moustaches,
A tailles de géans, portant leurs lourdes haches,

Courir au pas de charge, à la voix d'un enfant
Qui, l'épée à la main, nous criait : en avant.
Il passa bravement ; chacun en fit de même.
J'étais derrière lui, peut-être le dixième.
Surpris par ce chemin qu'on vînt le visiter
L'ennemi n'osa pas long-tems nous résister.
Du jeune ingénieur ce succès fut l'ouvrage.
Toute l'armée alors sut ce trait de courage ;
Car il fut mis à l'ordre, et notre général
D'admirer ce beau fait nous donna le signal.
Or cet ingénieur, le voilà, c'est lui-même.
Je le retrouve ici, non sans surprise extrême ;
Mais je n'en puis douter.

M.me ROLLIN.

Ce trait lui fait honneur ;
Mais si notre architecte est votre ingénieur,
Votre récit m'allarme ; et pour ne vous rien taire,
Il me fait soupçonner un étrange mystère.

CHARLES.

Sur quel motif?

M.me ROLLIN.

Pour vous je n'ai point de secret.
Vous n'avez avec nous que le même intérêt ;
Vous êtes notre ami.

CHARLES.

Ce titre-là me touche.

M.me ROLLIN.

Peut-être que trop tôt aussi je m'effarouche.
Mais ce nom de Linant me cause du souci,
Et je crains, en un mot, une aventure ici.

CHARLES.

Comment donc ?

M.me ROLLIN.

Ecoutez pourquoi je m'en défie.
C'est qu'un jeune Linant, officier du génie,
Nous a fait demander notre fille autrefois;
Il l'avait vue à Metz, quand elle y fut six mois;
Nous avons, sans le voir, rejeté sa demande.
Du secret sur ceci; je vous le recommande.

CHARLES.

Je me tairai.

M.me ROLLIN.

Surtout avec monsieur Rollin;
Je veux, dans tous les cas, lui sauver un chagrin.
Charles, comptez toujours que vous serez mon gendre.

CHARLES.

Vos bontés à ce nom m'ont permis de prétendre,
Et puissé-je jamais ne vous être étranger!

M.me ROLLIM.

Venez. C'est un projet que rien ne peut changer.

FIN DU SECOND ACTE.

# ACTE III.

## SCÈNE PREMIERE.

M. DE MERVILLE, LABROSSE.

M. DE MERVILLE.

Je rentre mécontent de notre promenade.

LABROSSE.

Vous, monsieur ?

M. DE MERVILLE.

Oui. D'abord le tems était maussade ;
Et puis j'ai du souci ; mon cœur est allarmé.
J'aime Constance....

LABROSSE.

Eh bien ?

M. DE MERVILLE.

Mais en serai-je aimé ?

LABROSSE.

Vous le serez, monsieur, dès que vous voudrez l'être.

M. DE MERVILLE.

Labrosse, il faut parler franchement à ton maître.
Ce que j'aime le plus, c'est la sincérité.

LABROSSE, à part.

Bon ! je le vois venir ; il veut être flatté.
(Haut.)
Dès que vous l'ordonnez....

M. DE MERVILLE.

Tu dois ne me rien taire.
Peut-être n'ai-je pas tout ce qu'il faut pour plaire ;

Souvent en sa faveur on est trop prévenu.
Plus d'un succès d'ailleurs en amour obtenu
A pu m'accoutumer à trop de confiance;
Voyons; je m'en rapporte à ton expérience....

LABROSSE.

Que demandez-vous là? Ce doute vous sied peu.
Vous n'avez donc pas fait à Constance un aveu?
Vous ne vous êtes pas déclaré?

M. DE MERVILLE.

Pas encore.
Quand me déclarerai-je? Entre nous, je l'ignore.

LABROSSE.

Monsieur, depuis un mois vous voyant chaque jour,
On peut avoir appris à connaître l'amour.

M. DE MERVILLE.

Tu me flattes!.. Allons!...

LABROSSE.

Moi, monsieur? je n'ai garde.
Ce serait vous déplaire; et loin qu'on s'y hasarde,
On tomberait plutôt dans l'autre extrémité.

M. DE MERVILLE.

C'est là ce que je veux; toujours la vérité,
Comme tu me la dis.. Tiens, tu peux, sans rien feindre,
Me faire voir qu'ici j'ai des rivaux à craindre.

LABROSSE.

Vous, monsieur? des rivaux?

M. DE MERVILLE.

Qui sont fort dangereux!
Comment donc? j'aurai peine à l'emporter sur eux!
Sais-tu qu'ils me font peur?.. D'abord, mon neveu Charle;
Au ton affectueux dont Rollin nous en parle,

Dans le bien qu'il en dit, j'entrevois un dessein;
Peut-être de sa fille il lui garde la main.

LABROSSE.

Mais Charles peut-il plaire à la jeune personne?
Je vais être trop franc; mais monsieur me l'ordonne.
Votre très-cher neveu, sérieux, occupé,
D'affaires, de calculs toujours enveloppé,
Comme époux, comme amant ne serait guère aimable.

M. DE MERVILLE.

Oui; ce que tu dis là semble assez raisonnable.
Mais que penseras-tu de l'autre concurrent?

LABROSSE.

L'autre? Je ne vois pas....

M. DE MERVILLE.

L'architecte... Durand....
Lui-même; il rend des soins, s'empresse, cherche à plaire...

LABROSSE.

Lui qui travaille ici moyennant un salaire!
Habile à ce qu'il dit, mais n'ayant pas un sou;
Pour penser à Constance, il faudrait qu'il fût fou.

M. DE MERVILLE.

L'amour-propre est aveugle, et nous fait trop prétendre.
Je ne céderai pas du moins, sans me défendre.
Pour Charles, j'ai sur lui quelque pouvoir, je crois;
Et si l'on m'y réduit, j'userai de mes droits.
Quant à Durand, je peux lui trouver quelqu'ouvrage;
J'aurai soin qu'il en tire un certain avantage
Et de plus grands moyens de succès dans son art,
Mais pourvu qu'il s'en aille, et plutôt que plus tard.

LABROSSE.

Vous m'étonnez toujours! Mais quel génie unique!
Voyez! Cela s'appelle un trait de politique;

Protéger un rival, le servir, l'avancer,
Et le tout seulement pour s'en débarrasser!

M. DE MERVILLE.

Tu trouves donc?

LABROSSE.

L'idée est parfaite, admirable.
Mais vous avez un tort; car je suis incapable
De vous rien déguiser.

M. DE MERVILLE.

Un tort? Moi?

LABROSSE.

Sûrement.
Vous vous tourmentez là bien inutilement.
Il faut que je vous gronde; oui, soyez moins modeste!
Regardez-vous; quel air! quel maintien jeune et leste!
Et des yeux!... Ah! quels yeux! Soyez donc en repos.

M. DE MERVILLE.

Paix. Je vois l'architecte. Il vient fort à propos.
Laisse-nous.

LABROSSE.

Quoi?

M. DE MERVILLE.

Va-t-en.

(Labrosse sort.)

## SCENE II.

M. DE MERVILLE, LINANT.

M. DE MERVILLE.

Monsieur Durand, de grâce,
Causons.

LINANT.

Pardon, monsieur; je vais sur la terrasse
Donner l'œil aux travaux....

M. DE MERVILLE.

En deux mots j'aurai fait.
Vous m'avez inspiré, mon cher, de l'intérêt.
Moi, partout où je vois le talent, je l'honore;
J'ai consacré ma vie aux arts; je les adore.

LINANT.

Comment? êtes-vous peintre, architecte ou sculpteur?

M. DE MERVILLE.

Non, mon cher; mais je suis en tout genre amateur.
J'ai souvent dans sa marche éclairé le génie.

LINANT.

Oui!

M. DE MERVILLE.

Méhul vous dira si j'entends l'harmonie,
Et notre ami Gardel, qui ne s'en vante pas,
De ses plus beaux ballets me doit les meilleurs pas.
Pour revenir à vous, j'ai vu de vos ouvrages;
Vos dessins sont très-nets et vos plans sont très-sages;
Un peu de grandiose, et vous irez fort loin.
C'est moi qui vous le dis.

LINANT.

Monsieur, je prendrai soin
De suivre vos avis; vous raisonnez en maître.

M. DE MERVILLE.

Je pourrai vous guider et vous servir peut-être.
Aux jeunes gens ainsi j'aime à tendre la main;
J'aime à leur applanir un pénible chemin.
Vous avez le goût pur, la manière correcte....

LINANT.

Eh! mais, en vérité, je suis moins architecte
Que vous ne le croyez.

M. DE MERVILLE.

Vous l'êtes, j'en suis sûr,
Et vous n'êtes pas fait pour demeurer obscur.

Dans le monde c'est moi qui prétends vous produire;
Il ne faut que m'en croire, et vous laisser conduire;
Je me charge de vous.

LINANT.

Ah! c'est trop de bontés,
Et je ne sais comment reconnaître.....

M. DE MERVILLE.

Ecoutez.
Chez mon ami Rollin les travaux que vous faites,
Ne montreront jamais au public qui vous êtes;
Dans des plans très-étroits je vous vois resserré.

LINANT.

Si ces plans-là pouvaient réussir à mon gré,
Je serais satisfait; je n'ai point d'autre envie.

M. DE MERVILLE.

Il faut pourtant vouloir s'avancer dans la vie.
Le désir des succès à l'artiste sied bien.
D'en obtenir ailleurs je vous offre un moyen.

LINANT.

Je vous suis obligé. Ce qui me reste à faire
Dans cette maison-ci m'est si fort nécessaire!...

M. DE MERVILLE.

Songez-y bien. Je veux vous donner de l'emploi
Chez un de mes amis, connaisseur comme moi,
Fort riche, libéral, qui maintenant s'occupe
D'embellir son hôtel; comme il fut souvent dupe,
Il veut quelqu'un de sûr; c'est une occasion
D'agrément, de profit, de réputation....

LINANT.

J'en suis persuadé. Mais ici je demeure.

M. DE MERVILLE.

Vous ne m'entendez pas. Je disais tout-à-l'heure
Que je veux vous aider; mais aidez-vous aussi.
Je désire... pour vous, que vous sortiez d'ici.

LINANT.

Je désire... pour moi, d'y rester, et j'y reste.

M. DE MERVILLE.

Vous ne m'entendez pas. Ce que l'on me conteste
Est toujours justement ce que je veux le plus;
Et vous me fâcherez par de plus longs refus.

LINANT.

Je n'ai pas le désir de vous fâcher, sans doute;
Mais que ne m'offrez-vous un projet que je goûte?
Ici tout me retient, et je n'en sortirai....

M. DE MERVILLE.

Vous ne m'entendez pas. Je vous y forcerai.

LINANT.

Comment cela?

M. DE MERVILLE.

Comment? Mais à ne vous rien taire,
Je crois que vous craindrez un peu de me déplaire.

LINANT.

J'en aurais du regret; mais je ne le crains point.

M. DE MERVILLE.

Décidément, monsieur; j'insiste sur ce point.
Vous sortirez d'ici; c'est moi qui vous l'ordonne.

LINANT.

J'exécute, monsieur, les ordres qu'on me donne,
Quand ils viennent de gens ayant droit d'en donner.

M. DE MERVILLE.

L'impatience, enfin, commence à me gagner....

LINANT.

Quel motif avez-vous?

M. DE MERVILLE.

N'importe: il faut vous rendre,
Ou vous résoudre....

LINANT.

A quoi?

M. DE MERVILLE.

Je m'en vais vous l'apprendre.
Suivez-moi.

LINANT.

Mais vraiment! c'est un cartel, je croi!
Quoi! vous voulez vous battre?

M. DE MERVILLE.

Oui, monsieur.

LINANT.

Avec moi?

M. DE MERVILLE.

Eh! pourquoi pas?

LINANT.

Monsieur, sans faire de bravade,
J'ai toujours su répondre à pareille incartade;
J'y suis embarrassé pour la première fois;
En honneur, contre vous, je ne peux ni ne dois....

M. DE MERVILLE.

Eh! par quelle raison?

LINANT.

Faut-il que je la dise?

M. DE MERVILLE.

Parlez.

LINANT.

Dispensez-moi d'un excès de franchise.
Je vous dois le respect.

M. DE MERVILLE.

Enfin, expliquez-vous.

LINANT.

Ne vous fâchez donc pas, et parlons sans courroux.
S'il faut absolument se battre pour vous plaire....

M. DE MERVILLE.

Oui, monsieur; il le faut.

LINANT.

Mon Dieu ! point de colère.
Vous avez, je suppose, un fils, des petits-fils ;
Chargez-les, croyez-moi, de porter vos défis...

M. DE MERVILLE.

Qu'est-ce à dire ?

LINANT.

Contre eux je saurai me défendre ;
Mais contre vous ! . . .

M. DE MERVILLE.

Morbleu ! . . .

LINANT.

Ne faisons point d'esclandre.
Vous m'avez entendu.

M. DE MERVILLE.

C'en est trop. Sans retard. . . .

LINANT.

Vous faites le jeune homme, et je fais le vieillard.

## SCENE III.

*Les mêmes*, M. ROLLIN.

M. ROLLIN.

C'EST vous, messieurs ? Constance ici n'est point venue
Depuis quelques instans ?

M. DE MERVILLE.

Nous ne l'avons point vue.

M. ROLLIN.

Je l'ai fait demander.

(A Linant.)

Je vous croyais là-bas,
Aux ouvriers. . . .

LINANT.

Monsieur a retenu mes pas,
Comme je m'y rendais; mais j'y cours au plus vîte.

M. ROLLIN.

Bien, mon ami.

LINANT, à Merville.

Monsieur permet que je le quitte?

M. DE MERVILLE, bas à Linant.

Vous avez entendu ma proposition.
Je vous donne le temps de la réflexion;
Mais nous nous reverrons; songez à la réponse.

LINANT.

Elle sera la même; ici je vous l'annonce.
Je ne puis sur ce point changer de volonté;
Mais je suis tout à vous, ce seul point excepté.
Adieu, messieurs.

(Il sort.)

## SCENE IV.

M. ROLLIN, M. DE MERVILLE.

M. ROLLIN.

Comment? étiez-vous en querelle?

M. DE MERVILLE.

Mais un peu.

M. ROLLIN.

Sur quoi donc?

M. DE MERVILLE.

Sur une bagatelle.
On a bien de la peine à le persuader,
Ce jeune artiste....

M. ROLLIN.

Bon!

M. DE MERVILLE.

Il ne veut pas céder.

M. ROLLIN.

De quoi s'agissait-il ?

M. DE MERVILLE.

Mais.... de cette fontaine
Qu'il va faire construire au bout de ton domaine,
Au bord du grand chemin. J'ai critiqué son plan ;
Il y manque....

M. ROLLIN.

Et quoi donc ?

M. DE MERVILLE.

Oh ! beaucoup, conviens-en.
Je te vois engoué de ton jeune architecte ;
Mais sa manière est pauvre, et platement correcte.

M. ROLLIN.

Eh ! mais encore hier tu nous vantais son goût !

M. DE MERVILLE.

Sa fontaine est trop simple, et ne dit rien du tout.
Je voudrais élever, si tu me laissais faire,
Un joli monument, point extraordinaire,
Mais qu'on pourrait orner ; avec un peu de soin,
Avec de la dépense....

M. ROLLIN.

Il n'en est pas besoin.
J'ai chez moi cette source ; eh bien, je me ménage
Le plaisir de verser son onde au voisinage ;
Passans et voyageurs, peut-être en y puisant,
Béniront quelquefois l'auteur de ce présent.
Voilà ce que je veux ; mon but est d'être utile,
Et non de m'afficher par un luxe stérile.

M. DE MERVILLE.

Mais l'apparence en tout n'est point à négliger.

M. ROLLIN.

Oui; que j'aille par toi me laisser diriger;
Tu voudras imiter ces fontaines connues,
Où l'on ne ménageait ni marbre, ni statues;
Figures, ornemens, vases, tout en est beau;
J'ai vu qu'il n'y manquait bien souvent.... que de l'eau.
Dans Paris aujourd'hui cet abus se réforme;
Les fontaines enfin n'y sont plus pour la forme;
L'eau coule en abondance; ainsi les moindres traits
D'un pouvoir prévoyant attestent les bienfaits.
L'ornement superflu n'est jamais convenable;
C'est Durand qui le dit; il est fort raisonnable,
Et plutôt que les tiens j'en croirai ses avis.
Tu dînes avec nous?

M. DE MERVILLE.

Non. Je vais à Paris,
Etre d'un grand dîner, chez quelqu'un d'importance
Où j'apprendrai, je crois, que mon affaire avance.

M. ROLLIN.

Quelle affaire?

M. DE MERVILLE.

Je puis te le dire en secret.
Tu sais depuis long-temps tout ce qu'on me promet.
J'ai des amis puissans, dont la sincère estime
M'offre pour ma fortune un appui légitime;
On me rendra justice; un homme tel que moi
Ne peut pas demeurer plus long-temps sans emploi.

M. ROLLIN.

Sans contredit.

M. DE MERVILLE.

Tantôt, chez cet ami fidèle,
On pourra me donner quelqu'heureuse nouvelle.
Je suis sûr, en tout cas, de m'y bien divertir.

M. ROLLIN.

Je voudrais plus souvent ici te retenir.
J'ai cru que tu venais y chercher la retraite.

M. DE MERVILLE.

La retraite pour moi, mon ami, n'est point faite.
Le monde me recherche, et, soit dit sans orgueil,
Le beau sexe me fait un assez doux accueil.

M. ROLLIN.

Oui? tu ne sais donc pas t'instruire à son école?
Les femmes, sans nous dire une seule parole,
Nous apprennent, mon cher, que nous devenons vieux;
Nous lisons le déclin de nos ans dans leurs yeux;
Mais il faut, pour cela, ne pas fermer les nôtres.

M. DE MERVILLE.

Va; je ne suis pas plus aveugle....

M. ROLLIN.

Que bien d'autres,
Je le sais; mais enfin chaque chose a son tems;
Auras-tu donc toujours les goûts des jeunes gens?
Il faut savoir vieillir, et se rendre justice.

M. DE MERVILLE.

Je ne vois pas pourquoi tu veux que je vieillisse;
Tu m'affliges, vraiment; que diable? épargne-moi;
Je pourrai raisonner gravement comme toi,
Quand j'aurai l'honneur d'être un père de famille.

M. ROLLIN.

Toi? si tu l'es jamais!... Enfin, voici ma fille;
Permets-nous.... De Paris ne reviens pas trop tard.

M. DE MERVILLE.

Non.

M. ROLLIN.

D'un dessein que j'ai, je dois te faire part.

## SCENE V.

*Les mêmes*, CONSTANCE.

M. DE MERVILLE.

On m'afflige beaucoup, ma belle demoiselle !

CONSTANCE.

Vous, monsieur ?

M. DE MERVILLE.

N'est-ce pas une chose cruelle?
Vous arrivez ; je pars. Mais on m'en fait la loi.

(Il sort.)

## SCENE VI.

M. ROLLIN, CONSTANCE.

M. ROLLIN.

Eh bien ! ma chère enfant, te voilà donc ?

CONSTANCE, à part.

Pourquoi
M'a-t-il fait appeler ?

M. ROLLIN.

Constance, sois sincère.

CONSTANCE, à part.

A-t-il quelques soupçons? Je tremble.

M. ROLLIN.

Dis, ma chère,
Depuis que l'ami Charle est ici revenu,
Il t'a parlé, sans doute ; et qu'as-tu-répondu ?
En pareil cas tous deux on raisonne et l'on cause.

CONSTANCE.

Monsieur Charles ne m'a pas dit la moindre chose,
Pas un mot du projet....

M. ROLLIN.

Tu m'étonnes ; tantôt
Avec lui je m'étais expliqué comme il faut ;
Mon offre l'a surpris ; il ne s'attendait guère....

CONSTANCE.

Mais toi-même, à mon tour, tu me surprends, mon père ;
Quoi ! pour trouver quelqu'un qui voulût m'épouser,
Fallait-il qu'on allât à lui me proposer ?
Charles ne m'aura pas seulement demandée.

M. ROLLIN.

Il ne l'eût pas osé ; quelle est donc ton idée ?
Je songe à ton bonheur ; pour le voir affermi,
Je n'ai pas craint d'offrir ma fille à mon ami ;
Tu dois m'en savoir gré, loin d'en être fâchée ?
Parle.

CONSTANCE.

De ta bonté j'ai lieu d'être touchée.

M. ROLLIN.

J'aime beaucoup tes sœurs ; j'estime leurs époux ;
Mais Charle a partagé mes travaux, pris mes goûts ;
Il est depuis long-tems comme de la famille ;
C'est un fils de mon choix que j'unis à ma fille :
Ainsi plus de retard, mon enfant ; dès demain
Nous faisons le contrat ; Charles reçoit ta main.

CONSTANCE.

Demain ?... O ciel !

M. ROLLIN.

Eh ! oui.

CONSTANCE.

Que n'ai-je le courage !

M. ROLLIN.

Ma fille ! qu'as-tu donc ?.. tu changes de visage !

CONSTANCE.

Ah ! si j'osais parler !... Non.

M. ROLLIN.

Tu pleures, je croi?

CONSTANCE.

C'est trop dissimuler; papa, pardonne-moi;
Pardonne.

M. ROLLIN.

Et de quoi donc, ma fille, es-tu coupable?

CONSTANCE.

Moi, je te tromperais?... Non. J'en suis incapable....
Tu fus toujours si bon! si cher à tes enfans!
Lis toujours dans leurs cœurs; dirige leurs penchans,
Règne sur eux toujours.

M. ROLLIN.

Expliquez-vous, Constance!

CONSTANCE.

Depuis qu'il est ici, quelle triste existence!
Et combien j'ai souffert d'avoir à te cacher
Un tort que ma raison venait me reprocher!

M. ROLLIN.

Depuis qu'il est ici?... Qui donc?... Que veux-tu dire?

CONSTANCE.

C'est bien sans mon aveu qu'il a su s'introduire;
Je n'étais point d'accord; je n'ai point consenti;
Je n'aurais pas souffert qu'il prît un tel parti.

M. ROLLIN.

Quelle personne ici me doit être suspecte?...
Serait-ce?... Je ne vois que le jeune architecte?...

CONSTANCE.

C'est lui.

M. ROLLIN.

Monsieur Durand?

CONSTANCE.

Ce n'est pas là son nom.

M. ROLLIN.

Comment ?.. on m'aurait fait un mensonge ?

CONSTANCE.

Pardon.

A présent, et toujours, je veux être sincère :
Je ne redoute rien autant que ta colère ;
Je l'ai dit à Linant.

M. ROLLIN.

Monsieur Linant ?... Eh ! mais,
C'est un ingénieur que tu connus à Metz,
Qui tout jeune, à ta main, s'avisa de prétendre,
Et voulait, malgré nous, devenir notre gendre ?

CONSTANCE.

C'est lui, que tes refus avaient désespéré,
Que j'avais cru de moi pour toujours séparé ;
Eh bien ! après deux ans, il est encor le même ;
Comme il m'aimait alors, il m'assure qu'il m'aime.
Mais n'importe, je sais que je dois t'obéir,
Et je t'obéirai, quand j'en devrais mourir.

M. ROLLIN.

Pourquoi, lundi dernier, obstinée à vous taire,
De ce déguisement m'avez-vous fait mystère ?

CONSTANCE.

Comment l'aurais-je dit ? je ne le savais pas.
Je ne m'attendais guère à le revoir, hélas !
Mardi, quand il parut, je demeurai confuse ;
La veille, j'étais loin de soupçonner sa ruse.

M. ROLLIN.

Allons, je le vois bien, quelqu'heureux que l'on soit,
Il faut souffrir un peu ; c'est un tribut que doit
Et que paye ici bas tout père de famille.

CONSTANCE.

Moi, je te fais souffrir ? Dispose de ta fille.

M. ROLLIN.

Et ce jeune Linant a pu se faire un jeu
De s'introduire ainsi chez moi, sans mon aveu?

CONSTANCE.

Avant de se nommer, il espérait te plaire,
Te servir, et gagner son pardon pour salaire.
Il sait bien qu'il a tort.

M. ROLLIN.

Il le sait? c'est heureux.
Te contraindre, après tout, n'est pas ce que je veux.
Tu ne te verras pas malgré toi mariée,
Et mon autorité sera mieux employée....

CONSTANCE.

Mon bon père!

M. ROLLIN.

Voici ce que je te dirai,
Ce que tu sentiras; car je te parle vrai:
Ces inclinations, ces tendres sympathies
Qu'on voit dans les romans et dans les comédies,
Dont les esprits oisifs sont juges indulgens,
Exaltent, par malheur, trompent les jeunes gens.
On perd, en poursuivant un mensonge, une fable,
Et le goût et le soin du bonheur véritable;
J'ai vu le plus souvent ces belles passions
Finir par les regrets et les divisions.
Je te parle, ma fille, en ami plus qu'en père.
Vois-tu? lorsqu'autrefois je recherchai ta mère,
Et que pour l'obtenir je fus assez heureux,
Je ne me donnai point pour en être amoureux;
Mais nous nous convenions; nos parens nous unirent:
Sans nous passionner, nos deux cœurs s'entendirent.
Eh bien! depuis trente ans que nous sommes époux,
L'amour ou l'amitié qui vieillit avec nous,

Chaque jour semble croître au lieu d'être affaiblie.
Voilà comme j'aspire à te voir établie;
Car je cherche avant tout ton bonheur.

CONSTANCE.

Je le croi.
Monsieur Linant n'est pas très-amoureux de moi;
C'est qu'il me connaît bien, et presque dès l'enfance....

M. ROLLIN.

Mais est-il en état de te juger, Constance?
Par toi-même du moins j'aime à me voir instruit.
Evitons bien surtout le scandale et le bruit;
Au public curieux cachons cette aventure;
Elle te ferait tort et me ferait injure.
Voyons, puis-je compter que tu m'obéiras?

CONSTANCE.

Mon père, je ferai tout ce que tu voudras.

M. ROLLIN.

Ta situation commande la prudence:
N'as-tu fait à personne encor ta confidence?

CONSTANCE.

Je n'ai que deux amis ici, maman et toi.

M. ROLLIN.

Oh! ta mère, sans doute; elle, c'est comme moi.
Elle doit tout savoir. Mais elle vient.

## SCENE VII.

*Les mêmes*, M.me ROLLIN,

M. ROLLIN, à sa femme.

Ma chère,
Votre fille m'apprend un étrange mystère:
L'architecte n'est pas ce qu'ici vous pensez.

M.me ROLLIN.

C'est un ingénieur. C'est Linant; je le sais;
Je vous dirai comment.

M. ROLLIN.

Ce trait n'a point d'excuse.

M.me ROLLIN.

Il ne soupçonne pas qu'on connaisse sa ruse.

M. ROLLIN.

Se couvrir d'un faux nom! nous tromper!...

M.me ROLLIN.

Quel parti
Veux-tu prendre?

M. ROLLIN.

Tu vas le voir. Car le voici.
Ce n'est pas nous qu'il cherche.

## SCENE VIII.

*Les mêmes*, LINANT.

M. ROLLIN, à Linant.

Eh bien! qui vous attire?
Que voulez-vous, monsieur?

LINANT, un peu déconcerté.

Qui?.. moi?.. J'allais vous dire..

M. ROLLIN.

Eh bien! quoi?

LINANT.

Je venais vous parler des travaux,
Voir si vous en vouliez adopter de nouveaux
Que je projette....

M. ROLLIN.

Non. Mon projet, au contraire,
Est de vous dispenser désormais de rien faire.
Vous allez nous quitter, retourner à Paris.

LINANT.

Pourquoi donc?

M. ROLLIN.

Il le faut, monsieur.

LINANT.

Je suis surpris. . . .
Vous aviez approuvé mes plans et mon ouvrage ?...

M. ROLLIN.

Je suspends les travaux.

LINANT.

Quel motif vous engage?
Est-ce monsieur Merville? a-t-il trouvé moyen?...

M. ROLLIN.

Eh! non; dans tout ceci Merville n'est pour rien.

(Pendant cette scène, Linant cherche les yeux de Constance, pour y découvrir, s'il peut, le motif qui fait agir M. Rollin. Mais Constance, intimidée par la présence de ses parens, n'ose regarder Linant. Cela doit faire un jeu de théâtre.)

LINANT.

Reviendrai-je bientôt?

M. ROLLIN.

Je saurai vous écrire,
Si j'ai besoin de vous.

LINANT.

Daignerez-vous me dire
Si je puis me flatter, d'après ce que j'ai fait,
Qu'au moins de mes efforts vous soyez satisfait?

M. ROLLIN.

Oui; je suis très-content. J'ai fort sujet de l'être.
Mais brisons là-dessus; je prétends reconnaître
Vos services, vos soins; venez; vous m'instruirez
De ce que je vous dois, et puis vous partirez.

(Linant rencontre enfin les yeux de Constance, qui lui fait signe d'accepter, pour ne pas fâcher son père.)

LINANT.

Soit. Adieu donc, madame. Adieu, mademoiselle.

CONSTANCE, *en tremblant, et sans lever les yeux.*

Adieu, monsieur.

LINANT.

Comptez à jamais sur mon zèle,
Monsieur ; en m'éloignant j'engage ici ma foi
Que toujours....

M. ROLLIN.

C'est fort bien. Mais venez avec moi.

*(M. Rollin emmène Linant.)*

## SCENE IX.

M.me ROLLIN, CONSTANCE.

CONSTANCE, *se jetant dans les bras de sa mère.*

Ah! maman!.. c'en est fait! que je souffre!

M.me ROLLIN.

Ton père
N'a pu faire autrement ; tu le sens bien, ma chère.
Devait-il, excusant un trait aussi hardi,
Se montrer indulgent pour ce jeune étourdi?
C'eût été, conviens-en, beaucoup trop de faiblesse.
Allons ; il ne faut pas céder à la tristesse.
Tes sœurs, tous nos amis vont arriver bientôt ;
Cache-leur ton chagrin.

CONSTANCE.

Eh! le puis-je?

M.me ROLLIN.

Il le faut.
Pour notre fête encor j'ai des apprêts à faire ;
Viens ; j'ai besoin de toi ; cela va te distraire ;
Tu m'aideras.

CONSTANCE.

Hélas ! ne peut-on m'accorder
Du moins un peu de tems ? est-ce trop demander ?
Mon père veut hâter ce cruel mariage !

M.me ROLLIN.

Moi, je lui parlerai ; je ne puis davantage ;
Car ton père est le maître ; il lui faut obéir.

CONSTANCE.

Je le sais ; mais, ô ciel ! combien je vais souffrir !...

M.me ROLLIN.

Viens, ma très-chère enfant ; viens, et toute ta vie
Dis tes chagrins secrets à ta meilleure amie.

FIN DU TROISIÈME ACTE.

# ACTE IV.

## SCÈNE PREMIERE.

CONSTANCE, *une lettre à la main*, SOPHIE.

SOPHIE.

Ah ! le pauvre garçon ! il m'a fait de la peine ;
Il part au désespoir. Dieu veuille qu'il revienne !
En me donnant pour vous cette lettre, il m'a dit :
Serai-je encor long-tems présent à son esprit ?
Parlez-lui bien souvent de moi, mademoiselle ;
Dites-lui que jamais je ne puis aimer qu'elle....

CONSTANCE.

Sa lettre montre un cœur sensiblement touché.

SOPHIE.

Sans lui, votre secret me demeurait caché.

CONSTANCE.

Ma mère la verra ; je la lui ferai lire.

SOPHIE.

Est-il vrai ?.. vous direz ?...

CONSTANCE.

J'ai promis de tout dire.
J'ai de si bons parens !.. Désormais je ne veux
Ni je ne dois avoir aucun secret pour eux.

SOPHIE.

Vous en aviez pour moi ; de votre part, Constance,
Peut-être avais-je droit à plus de confiance ;
Vous paraissiez m'aimer !.. et je vous aime tant !...

CONSTANCE.

Bonne Sophie!.. eh bien, tu sais tout à présent;
Tu connais mon malheur, quand il est sans remède.

SOPHIE.

Je n'ai point de rancune; il faut que je vous aide.

CONSTANCE.

Hélas! que feras-tu?

SOPHIE.

Je n'en sais rien encor.

CONSTANCE.

Va; je suis sans espoir; je subirai mon sort.

SOPHIE.

Charle est un honnête homme; et vous pouvez, sans feindre,
Lui dire votre peine et qu'on veut vous contraindre;
Confiez-vous à lui....

CONSTANCE.

Mais je le fâcherai.
J'ai peur....

SOPHIE.

Si vous voulez, moi je lui parlerai.

CONSTANCE.

Tu prendrais, je le crains, une peine inutile.

SOPHIE.

Vous-même, adressez-vous à monsieur de Merville,
Et pour le mariage obtenez qu'au neveu
L'oncle formellement refuse son aveu.

CONSTANCE.

Mais son consentement est-il bien nécessaire?

SOPHIE.

Je ne sais. Charle au moins craindra de lui déplaire.
Quand nous ne gagnerions que quelques jours....

CONSTANCE.

Hélas!
C'est ce que je voudrais.

SOPHIE.

Je ne m'y connais pas,
Ou pour vous le cher oncle a bien quelque tendresse....

CONSTANCE.

En effet à mon sort je crois qu'il s'intéresse;
C'est une paternelle et douce affection;
Tantôt, dans le jardin, avec émotion
Il m'a dit quelques mots.

SOPHIE.

Eh! oui. C'est cela même.
Je sais ce qu'on m'a dit. C'est d'amour qu'il vous aime....

CONSTANCE.

Bon! Tu n'y penses pas, Sophie; il est si vieux!

SOPHIE.

Mais il ne croit pas l'être; il vous fait les doux yeux,
Vous dis-je, et qui plus est, se flatte de vous plaire;
Vous voyez bien qu'à Charle il doit être contraire.
Mon conseil est fort bon. Il faut le suivre....

CONSTANCE.

Oui; mais
Tu viendras avec moi; seule je n'oserais....

SOPHIE.

Voici le factoton de monsieur de Merville.

## SCENE II.

*Les mêmes*, LABROSSE.

SOPHIE.

Votre maître n'est pas revenu de la ville?

LABROSSE.

Pas encor; je l'attends; il ne saurait tarder.

SOPHIE.

Tant mieux. J'ai quelque chose à vous recommander.

LABROSSE.

Parlez.

SOPHIE.

A son retour, voulez-vous bien l'instruire
Qu'ici mademoiselle a deux mots à lui dire,
Mais en secret ?...

LABROSSE.

J'entends. Pour la discrétion,
C'est mon fort.

SOPHIE.

Songez bien à ma commission.

CONSTANCE.

Viens avec moi, Sophie.

## SCENE III.

LABROSSE, seul.

Hé mais, que nous veut-elle ?
Un secret rendez-vous ?... L'agréable nouvelle
A donner à monsieur, à son retour ici !
J'y pourrais par hasard trouver mon compte aussi !
Je le connais ; je sais, usant des circonstances,
Mettre à profit ses vœux, taxer ses espérances,
Et sa crédulité fait mon grand revenu.
Chut... Je l'entends.

## SCENE IV.

M. DE MERVILLE, *en grande toilette*, LABROSSE.

M. DE MERVILLE.

Mon cher, me voilà revenu.
Tout va bien. J'ai trouvé société brillante,
De fort aimables gens, une chère excellente

Avec des vins exquis... Je reviens enchanté
Et je suis très-content ce soir de ma santé.

LABROSSE.

Tant mieux, monsieur, tant mieux ; car, moi, j'ai l'avantage
D'être chargé pour vous d'un assez doux message....

M. DE MERVILLE.

Cependant j'aspirais au moment du retour ;
Je me sentais ici rappelé par l'amour ;
J'adore tout de bon la charmante Constance,
Et lui veux désormais vouer mon existence ;
L'ardeur que je ressens ne peut s'imaginer !

LABROSSE.

Ah ! monsieur ! qu'on est tendre après un grand dîner !

M. DE MERVILLE.

Labrosse, je te sais et discret et sincère.

LABROSSE.

L'un comme l'autre.

M. DE MERVILLE.

Il faut te parler sans mystère.
Je suis aimé, mon cher.

LABROSSE.

Je n'en suis pas surpris.

M. DE MERVILLE.

Tantôt, étant tout près de partir pour Paris,
Je cherchais l'architecte à qui, par parenthèse,
De dire à part deux mots j'aurais été fort aise ;
Je rencontrai Constance en un coin du jardin ;
Je m'assis auprès d'elle, et lui prenant la main
Je parlai vivement ; agitée, incertaine,
Elle me regardait et respirait à peine ;
Un secret de son cœur semblait prêt à sortir ;
Par malheur, arriva le moment de partir ;
Il fallut la quitter ; mais j'ai lu dans son âme
Les timides progrès d'une naissante flamme ;

Sois sûr qu'à demi-mot on m'a bien entendu....

LABROSSE.

Oui ?

M. DE MERVILLE.

J'ai serré la main, et l'on m'a répondu !

LABROSSE.

On ne s'en tiendra pas à ce muet langage ;
Vous allez avec joie accueillir mon message.

M. DE MERVILLE.

De quoi s'agit-il donc ?

LABROSSE.

N'en soupçonnez-vous rien ?
On vous demande ici, ce soir, un entretien,
En grand secret....

M. DE MERVILLE.

Vraiment ! Qui ? Constance ?

LABROSSE.

Elle-même ;
Et je sais mieux que vous combien elle vous aime.

M. DE MERVILLE.

Tu le sais ?

LABROSSE.

Oui, vraiment. Et je tiens ces secrets
De quelqu'un que j'ai mis dans tous nos intérêts.
Si je vous répétais ce que m'a dit Sophie !

M. DE MERVILLE.

Sa femme de chambre ?

LABROSSE.

Oui. J'en ai fait mon amie.

M. DE MERVILLE.

Bien.

LABROSSE.

Comme sur Constance elle a de l'ascendant,
J'ai, sans vous en rien dire, en zélé confident,
Fait agir la suivante auprès de la maîtresse....

M. DE MERVILLE.

Le moyen était bon; tu n'es pas sans adresse.

LABROSSE.

Vous n'aviez pas besoin dutout de ce secours.

M. DE MERVILLE.

N'importe; il te faudra continuer toujours.

LABROSSE.

Il ne m'en a coûté que quelques bagatelles
Pour Sophie; un cadeau de rubans, de dentelles....

M. DE MERVILLE.

Il faut te rembourser. Tiens; prends ces dix louis.
Est-ce assez ?

LABROSSE.

Ah! monsieur!

M. DE MERVILLE.

Eh! prends donc.

LABROSSE.

J'obéis.

A propos, je vous puis dire une autre nouvelle
Qui vous fera plaisir, je pense.

M. DE MERVILLE.

Quelle est-elle ?

LABROSSE.

L'architecte est parti, sans prendre son congé.

M. DE MERVILLE.

Que dis-tu? l'architecte ?

LABROSSE.

Est d'ici délogé,
On ne sait pas pourquoi.

M. DE MERVILLE.

Moi, j'en sais quelque chose.
De ce brusque départ c'est moi qui suis la cause.
De mes intentions je l'avais averti.
Il a bien fait, ma foi, de prendre son parti.
Je veux prendre le mien. Ecoute-moi, Labrosse;
Si je te fais ici bientôt voir une noce?

LABROSSE.

Vous, monsieur?

M. DE MERVILLE.

Voyons. C'est ton avis que je prends?
Me marierai-je ou non? Penses-tu qu'il soit tems?
Parle.

LABROSSE.

Il faut réfléchir là-dessus.

M. DE MERVILLE.

Moi, j'hésite.
Je puis attendre.

LABROSSE.

Oh! oui. Que sert d'aller si vîte?

M. DE MERVILLE.

Tu penses?

LABROSSE.

Comme vous.

M. DE MERVILLE.

D'une autre part, je voi
Qu'on risque à trop tarder.

LABROSSE.

On risque tout.

M. DE MERVILLE.

Dis-moi
Ton avis?

LABROSSE.

Mon avis....

M. DE MERVILLE.

C'est ?...

LABROSSE.

C'est... je vous conseille...

M. DE MERVILLE.

J'épouse.

LABROSSE.

D'épouser. C'est penser à merveille.
Votre avis est le mien. Je le dis hardiment.

M. DE MERVILLE.

Je suis bien aise, ami, d'avoir ton sentiment.

LABROSSE.

Les parens se rendront au desir de leur fille,
Et votre offre ne peut que charmer la famille.

M. DE MERVILLE.

La mère m'appuiera; j'en suis bien assuré;
J'ai toujours gouverné les femmes à mon gré.

## SCENE V.

*Les mêmes*, FRÉDÉRIC.

FRÉDÉRIC.

Pardon si j'interromps; mais ce n'est pas sans cause.
Monsieur m'approuvera, quand il saura la chose.
Je m'en flatte.

M. DE MERVILLE.

Voyons. Parle.

FRÉDÉRIC.

Imaginez-vous
Que l'adroite Sophie, avec un maintien doux,
S'est adressée à moi....

M. DE MERVILLE.

Sophie? Ah! je devine.

FRÉDÉRIC.

Sa maîtresse veut voir monsieur, à la sourdine.

M. DE MERVILLE.

Je le sais.

FRÉDÉRIC.

L'entretien pressait fort, disait-on.
Il fallait dès ce soir le lui ménager.

M. DE MERVILLE.

Bon.
Et qu'as-tu répondu?

FRÉDÉRIC.

Ce qu'il fallait, j'espère.

M. DE MERVILLE.

Tu n'a pas refusé?

FRÉDÉRIC.

Comment donc? au contraire.
Je connais trop monsieur, vraiment! je sais fort bien
Qu'au beau sexe jamais il ne refuse rien.

M. DE MERVILLE.

Oh! jamais.

FRÉDÉRIC.

J'aurais fait une sottise énorme;
Et moi qui suis galant....

LA BROSSE.

Ah! Frédéric se forme.

FRÉDÉRIC.

Au rendez-vous aussi j'ai consenti soudain,
Mais à condition qu'il aura lieu demain.

M. DE MERVILLE.

Et pourquoi donc?

FRÉDÉRIC.

Ce soir, cela n'est pas possible.

M. DE MERVILLE.

Mais par quelle raison ?

FRÉDÉRIC.

La raison est sensible.
Il est trop tard, monsieur, cela vous ferait mal.
Conserver sa santé, c'est un point capital.

M. DE MERVILLE.

De quoi te mêles-tu ?

FRÉDÉRIC.

L'attachement sincère
Que je porte à monsieur....

M. DE MERVILLE.

Eh ! je n'en ai que faire.

FRÉDÉRIC.

Monsieur n'aime pas trop, et je le sais fort bien,
Qu'on parle de son âge ; aussi je n'en dis rien.
Mais jeune ou vieux, n'importe ; enfin, tel que vous êtes,
Vous n'irez pas veiller pour ouïr des sornettes,
Vous échauffer le sang ; est-ce là ce qu'il faut ?
Couchez-vous de bonne heure, et dans un lit bien chaud....

M. DE MERVILLE.

Le résultat enfin de ceci, le saurai-je ?
Constance viendra-t-elle ?... hein... réponds... La verrai-je ?

FRÉDÉRIC.

Vous la verrez demain ; pourquoi tant se presser ?
Mais pour ce soir, j'ai su vous en débarrasser.

M. DE MERVILLE.

Tu m'as fait ce beau coup !

FRÉDÉRIC.

Sûrement.

M. DE MERVILLE.

Je te chasse.

FRÉDÉRIC.

Vous me chassez?... pourquoi?...

M. DE MERVILLE.

Cette fois, point de grâce.

FRÉDÉRIC.

Mais enfin... la raison?

M. DE MERVILLE.

Je veux te faire voir,
Moi, qu'il n'est pas trop tard, pour te chasser ce soir.

FRÉDÉRIC.

Voyez! moi qui vous veux ménager un bon somme!
Qui vous aime, et vous sers de cœur, en honnête homme!

M. DE MERVILLE.

Moi, je ne veux plus voir l'honnête homme; allons, sors;
Va lui faire son compte, et le mettre dehors,
Labrosse.

LABROSSE, bas à Frédéric.

Je t'avais annoncé ce salaire.
Ce n'est rien de servir, et c'est le tout de plaire.
Apprends ce secret-là.

FRÉDERIC, en sortant.

Je me décide enfin,
Et je m'en vais flatter pour faire mon chemin.

M. DE MERVILLE.

Labrosse, en même tems, cherche, trouve Constance;
Signale ton esprit en cette circonstance
Et fais si bien....

LABROSSE.

J'y cours, et soyez assuré
Que je vais renouer l'affaire à votre gré.

(Labrosse sort.)

## SCENE VI.

M. DE MERVILLE, seul.

Il faut qu'un sot valet ainsi me contrarie.
Mais n'importe ; l'on m'aime... allons, je me marie.
Pour mon ambition aussi j'y dois songer ;
Au gré de mes desirs mon sort va s'arranger ;
Femme jeune et jolie, et qu'en tous lieux on cite,
Fait briller votre nom, double votre mérite ;
Sa fortune, ses soins, sa douceur, sa raison,
D'aisance et de bonheur comblent votre maison,
En font un rendez-vous de bonne compagnie ;
Pour peu qu'elle ait enfin d'intrigue et de génie,
Elle aide à vos projets, et par elle on parvient.
Allons ! à tous égards Constance me convient.

## SCENE VII.

M. DE MERVILLE, M. ROLLIN.

M. ROLLIN.

J'éprouve en ce moment une peine, Merville ;
Tous mes enfans devaient m'arriver de la ville ;
Leur voyage est remis ; voilà qu'on me l'apprend.

M. DE MERVILLE.

Ou plutôt ou plus tard, c'est presque indifférent.

M. ROLLIN.

Non pas pour moi, parbleu. De les voir je pétille.

M. DE MERVILLE, à part.

Je n'aime pas beaucoup les scènes de famille.

M. ROLLIN.

Mais nous avons ce soir du monde, des amis.
Tu vas dans le salon les trouver réunis...

M. DE MERVILLE.

C'est de quoi te distraire et t'amuser.

M. ROLLIN.

Toi-même,

Tu reviens de Paris?

M. DE MERVILLE.

Oui. Ma joie est extrême....

M. ROLLIN.

Tes affaires?...

M. DE MERVILLE.

Vont bien. Notre ami de Silly...

M. ROLLIN.

Ah! tu l'as vu?

M. DE MERVILLE.

Je viens de dîner avec lui.

M. ROLLIN.

Il peut beaucoup, dit-on. S'il te sert....

M. DE MERVILLE.

Je puis dire
Qu'il m'est tout dévoué. Tantôt il doit m'écrire;
Il pourra, m'a-t-il dit, m'envoyer un exprès;
Car il viendra ce soir, dans sa terre, ici près.

M. ROLLIN.

Tant mieux. Charles pourra lui rendre une visite.
Il aime ton neveu, fait cas de son mérite;
Charle eut occasion de lui rendre une fois
Un service assez grand; tu le sais bien, je crois.

M. DE MERVILLE.

Eh! oui. Lui-même, il vient de m'en parler encore.
Je m'en vais ressentir l'appui dont il m'honore;
Mais j'ai d'autres projets dont tu pourras juger.
Mon bonheur ne me plaît, que pour le partager.

M. ROLLIN.

Sentiment généreux!

M. DE MERVILLE.

Il faut que je réclame
Ton amitié; veux-tu que je t'ouvre mon âme?

M. ROLLIN.

Parle.

M. DE MERVILLE.

Le célibat commence à m'ennuyer.

M. ROLLIN.

Il commence?... déjà?...

M. DE MERVILLE.

Je veux me marier.

M. ROLLIN.

Te marier? Toi?

M. DE MERVILLE.

Moi.

M. ROLLIN.

C'est un peu tard t'y prendre.

M. DE MERVILLE.

Et j'aspire à l'honneur de devenir ton gendre.

M. ROLLIN.

Toi, mon gendre?

M. DE MERVILLE.

Oui, vraiment. C'est Constance, en un mot..

M. ROLLIN.

Écoute, mon ami. Quinze ou vingt ans plutôt
Si tu m'étais venu demander mon aînée,
Je ne crois pas qu'alors je te l'eusse donnée;
Non, je n'aurais eu garde; ainsi, juge à présent
Que je n'en ai plus qu'une, et qu'elle est une enfant...

M. DE MERVILLE.

Une enfant? soit. Elle est d'âge qu'on la marie...

M. ROLLIN.

Sans doute. Mais toi?

M. DE MERVILLE.

Moi !

M. ROLLIN.

Comment, je t'en supplie,
Pour Constance peux-tu venir te proposer,
Et que t'a-t-elle fait pour vouloir l'épouser ?

M. DE MERVILLE.

Tu ne peux pas, mon cher, bien juger à ton âge...

M. ROLLIN.

A mon âge ? Entre nous, quel est donc ce langage ?
Merville, nous étions du même âge, autrefois.

M. DE MERVILLE.

Du même âge ?

M. ROLLIN.

J'étais plus jeune de trois mois.

M. DE MERVILLE.

Cela ne se peut pas.

M. ROLLIN.

Oh ! la chose est très-sûre ;
Souviens-toi du collége, et si par aventure,
Tu vieillis tous les ans d'un an, comme je fais...

M. DE MERVILLE.

Les grâces n'ont point d'âge, et ne passent jamais.

M. ROLLIN.

Bon ! C'est un madrigal qu'on dit aux vieilles femmes.

M. DE MERVILLE.

Un madrigal ! et toi, tu fais des épigrammes ?

M. ROLLIN.

Je ne m'y jouerais pas, et surtout contre toi.
Je te trouve, mon cher, bien plus d'esprit qu'à moi ;
Mais de cet esprit-là, vois-tu ? je n'ai que faire ;
J'aime mieux mon bon sens, tout simple et tout vulgaire ;
Il m'a fort bien conduit où je suis arrivé ;
Et de ton bel esprit, toi, tu t'es mal trouvé.

M. DE MERVILLE.

Je m'en trouve fort bien; crois-tu me faire envie?
Qui de nous deux s'amuse, et passe mieux sa vie?
Quel est le plus heureux?... Je sais ce que tu vaux;
Je respecte beaucoup tes utiles travaux;
Les peines que tu prends, ta probité, ton zèle;
Mais un peu de chagrin dans tout cela se mêle;
Moi, je te plains souvent....

M. ROLLIN.

Tu me plains?... quelle erreur!
Il ne t'appartient pas de juger mon bonheur.
Mes travaux assidus, mes peines ont leurs charmes;
J'aime mes embarras, et jusqu'à mes allarmes.
Tu cherches tes plaisirs dans des distractions;
Moi, j'ai placé les miens dans mes affections.
Tu connais peu le cœur d'un père de famille:
Sensible à ce qui touche, et non à ce qui brille,
Il vit dans tous les siens, se plaît dans ses enfans;
Leurs études, leurs jeux, leurs progrès, leurs penchans,
Tout en eux est pour lui jouissance... Que sais-je?
Jusqu'au prix qu'un marmot remporte à son collége....
Est-il entre leurs bras un moment caressé?
Des travaux les plus durs le voilà délassé.

M. DE MERVILLE.

Eh! bien?... moi, ton ami, l'ami de ta famille,
Quand j'offre d'assurer le bonheur de ta fille....

M. ROLLIN.

Son bonheur?... Je craindrais de le mettre au hasard...

M. DE MERVILLE.

Pourquoi cela?

M. ROLLIN.

D'ailleurs tu t'y prends un peu tard.

Je te l'ai déjà dit. Nous avons d'autres vues
Sur cette enfant....

M. DE MERVILLE.

Je sais. Elles me sont connues.

M. ROLLIN.

Qu'en dis-tu ?

M. DE MERVILLE.

Mon avis n'est pas du tout le tien.
Qui te fait préférer Charles ? Quant à son bien,
Tu sais qu'il n'en a point ; son esprit est solide ;
Mais il n'est pas brillant.

M. ROLLIN.

C'est ce qui me décide.
Charle a des qualités dont il faut faire cas ;
Moi, je prise fort peu l'éclat et le fracas,
Et je regarde au drap plus qu'à la broderie.
Viens-tu dans le salon joindre la compagnie ?

M. DE MERVILLE, *à part.*

Eh ! mais ; j'attends Constance.

(*Haut.*)

Oui, j'y vais dans l'instant.

M. ROLLIN.

Je ne te dirai plus qu'un mot en te quittant.
Songer aux jeunes gens, voir en eux notre ouvrage,
Les rendre heureux, c'est là le bonheur de notre âge.
Adieu. Tu vas venir nous retrouver ?

M. DE MERVILLE.

J'y vais.
Les petits jeux sans moi ne commencent jamais.

(*M. Rollin sort.*)

## SCENE VIII.

M. DE MERVILLE, LABROSSE.

LABROSSE.

Monsieur, j'ai réussi ; c'est une affaire faite.
Avec trop de bonté le beau sexe vous traite.
On me suit. Pour ne pas manquer le rendez-vous,
On a su s'échapper.

M. DE MERVILLE.

La voici. Laisse-nous.

## SCENE IX.

CONSTANCE, SOPHIE, M. DE MERVILLE.

M. DE MERVILLE.

Ah ! c'est vous ? Je craignais... Quel bonheur vous amène ?

SOPHIE.

Pour arriver à vous, on a bien de la peine.

M. DE MERVILLE.

Eh ! c'est ce Frédéric !

SOPHIE.

Nous n'avons qu'un instant.
Constance doit rentrer au salon. On l'attend.

M. DE MERVILLE, à Constance.

Vous voulez me parler ? Vous me cherchez vous-même ?

CONSTANCE.

Il est vrai.

M. DE MERVILLE.

Je ressens cette faveur extrême....

Puis-je vous être utile ?

CONSTANCE.

Oui. Du moins, je le croi.

M. DE MERVILLE.

Ah ! mais comment ?

CONSTANCE.

Sophie ?

SOPHIE.

Eh ! bien ?

CONSTANCE.

Parle pour moi.

SOPHIE.

Nous avons du chagrin.

M. DE MERVILLE.

J'en crois savoir la cause ;

Et j'y prends part. Je sais l'hymen qu'on vous propose...

SOPHIE.

C'est votre appui qu'il faut que vous nous accordiez.

M. DE MERVILLE.

Eh ! mais ? est-il besoin que vous le demandiez ?
Je vous suis dévoué ; soyez-en assurée ;
Déjà d'un importun je vous ai délivrée ;
Le petit architecte ici vous déplaisait ;
Vous ne le verrez plus.

SOPHIE.

Comment ? qu'avez-vous fait ?

M. DE MERVILLE.

Je l'ai congédié.

CONSTANCE.

Vous ?

M. DE MERVILLE.

Moi ; daignez m'en croire ;
Je ne remporte pas une grande victoire ;
Entre nous, l'architecte est tant soit peu poltron ;
Il m'a cédé la place.

SOPHIE, à part.

Ah ! le vieux fanfaron !
Comme il ment !

(Haut.)

Cet exploit était peu nécessaire.

M. DE MERVILLE.

Et je sais maintenant ce qui me reste à faire.
Avec mon neveu Charle on songe à vous unir...

CONSTANCE.

Hélas ! oui.

M. DE MERVILLE.

Mon neveu ne peut vous convenir...

SOPHIE.

Aussi de vos bontés Constance implore un gage ;
Ce serait d'empêcher ce fatal mariage.

CONSTANCE.

Oui. Si vous le vouliez !...

M. DE MERVILLE.

Qui ? moi ?... si je le veux ?...
J'ai lu dans votre cœur ; j'ai prévenu vos vœux.

CONSTANCE.

Combien je vous devrai !... Quelle reconnaissance !

M. DE MERVILLE.

Ah ! nous nous entendons ; n'est-il pas vrai, Constance ?
Aimable et cher objet, je jure à vos genoux...

(Il se jette à ses genoux.)

CONSTANCE.

Que faites-vous, monsieur ?.. Qu'est-ce donc ?.. Levez-vous.
Mais levez-vous donc.

M. DE MERVILLE.

Non. J'attends une réponse.
J'attends que sur mon sort votre bouche prononce.
Dites que votre amour sera le prix du mien.

CONSTANCE.

Tant que vous serez là, je ne vous dirai rien.

M. DE MERVILLE.

Vous fixez à jamais un cœur long-tems volage...

CONSTANCE.

Je m'enfuis, pour n'en pas entendre davantage.
(Elle s'échappe.)

M. DE MERVILLE.

Constance, demeurez...

SOPHIE.

Les aimables transports !
Je n'y puis plus tenir; j'en vais rire dehors.
(Elle s'échappe en riant.)

## SCENE X.

M. DE MERVILLE, seul.

Eh! bien, elle est partie!... Ah! j'entends cette fuite...
On m'aime et l'on me craint... Mais je vole à sa suite...
Ahie!.. ahie!.. quelle douleur tout d'un coup m'a saisi?
Serait-ce?.. Je ne puis me lever... M'y voici...
(Il se lève avec beaucoup de peine.)
Maudite sciatique!... Ah! quand l'amour m'appelle....

## SCENE XI.

M. DE MERVILLE, LABROSSE.

LABROSSE.

Je viens de voir sortir la belle demoiselle...

M. DE MERVILLE.

Eh ! que veux-tu ?

LABROSSE.

J'accours pour vous féliciter...

M. DE MERVILLE.

De quoi, bavard ?

LABROSSE.

Monsieur aura su profiter
Du rendez-vous...

M. DE MERVILLE.

Tais-toi.

LABROSSE.

Votre âme satisfaite...

M. DE MERVILLE.

Eh ! laissez-moi. Le sot !...

(Il sort.)

LABROSSE, seul.

Mon Dieu ! comme il me traite !
Tout flatteur doit s'attendre à de mauvais momens ;
Sans cela, le métier aurait trop d'agrémens.

FIN DU QUATRIÈME ACTE.

# ACTE V.

## SCENE PREMIERE.

### M. DE MERVILLE, M.me ROLLIN.

M. DE MERVILLE.

Eh ! mais, concevez-vous que Rollin me refuse ?
Faites-lui voir, de grâce, à quel point il s'abuse ;
Je veux tout vous devoir ; vous persuaderez
A votre cher époux tout ce que vous voudrez.

M. ROLLIN.

C'est selon. Un mari, j'entends le plus honnête,
Nous consulte parfois, mais n'en fait qu'à sa tête.

M. DE MERVILLE.

Aux peines de l'amour vous saurez compâtir ;
Il ne tiendrait qu'à vous de les faire sentir ;
Ces yeux, ces belles mains, et ces grâces parfaites...

M. ROLLIN.

M'allez-vous à présent débiter des fleurettes ?
L'habitude !

M. DE MERVILLE.

Ah ! le cœur !

M.me ROLLIN.

Ces propos-là, je croi,
Ne nous vont plus, à nous ; tenez ; regardez-moi ;
Je suis tout uniment bonne femme et grand'mère ;
Pour vous, je sais votre âge ; il ne s'en faut de guère
Que vous n'ayez bientôt...

M. DE MERVILLE, l'interrompant.

On se plaît à mentir,
Et ce sont contre moi des bruits qu'on fait courir.
(A part.)
Comment! à la louange elle est invulnérable!
Il faut pourtant la rendre à mes vœux favorable;
J'en ai d'autres moyens.

M.me ROLLIN.

Qu'est-ce? que dites-vous?

M. DE MERVILLE.

Tenez. Je crois devoir ne rien taire, entre nous.
Je ne sais si Rollin vous a dit la nouvelle...

M.me ROLLIN.

Laquelle donc?

M. DE MERVILLE.

Je vais avoir ce qui s'appelle
Un grand état, un rang; j'attends dès aujourd'hui
Une lettre, un exprès de monsieur de Silly,
Qui doit me l'annoncer.

M.me ROLLIN.

Je vous en félicite.
Cette fois, la fortune est le prix du mérite.
(A part.)
Il faut m'en amuser.

M. DE MERVILLE.

Sans tant délibérer,
Je crois qu'à mon neveu l'on doit me préférer;
On connaît ma fortune; elle est indépendante;
Je dépense à peu près vingt mille écus de rente...

M.me ROLLIM.

Avec cela, pour gendre on peut se présenter.

M. DE MERVILLE.

(A part.) (Haut.)
Je la tiens. Vous serez pour moi; j'ose y compter.

M.me ROLLIN.

Nous verrons. Convenez pourtant qu'on peut vous faire
Plus d'une objection ; vous aimez trop à plaire ;
Dangereux séducteur, hier encore ici
Vous faisiez votre cour à la belle Sergy ;
Votre femme aurait lieu d'être souvent jalouse.

M. DE MERVILLE.

Non. Non. Je compte bien me fixer, quand j'épouse.
On verra ; je serai l'exemple des maris
Pour la fidélité ; je me le suis promis.

M.me ROLLIN.

Vous le voudrez en vain ; en serez-vous capable ?
Vous avez un défaut ; c'est d'être trop aimable.
Voici monsieur Rollin.

## SCENE II.

*Les mêmes*, M. ROLLIN.

M. DE MERVILLE.

Eh ! bien, mon cher ami,
Tu n'as pas contre moi pris encor ton parti ?
Tu ne le prendras pas sans consulter madame ?

M. ROLLIN.

Eh ! bien ! oui. Si tu peux, persuade ma femme.

M. DE MERVILLE.

De ta fille d'abord Charles n'est point aimé.

M.me ROLLIN.

Vous l'êtes, vous ?

M. DE MERVILLE.

Mais... oui.

M.me ROLLIN.

Je l'avais présumé.

M. ROLLIN.

Comment peux-tu penser ?

M. DE MERVILLE.

Ne m'en crois pas. Ecoute.
Il est un bon moyen de t'éclaircir ce doute.
Interroge ta fille.

M. ROLLIN.

Eh ! qu'en ai-je besoin ?

M.<sup>me</sup> ROLLIN.

Merville le demande ; il faut prendre ce soin.

M. ROLLIN.

Eh ! bien, soit. J'y consens par pure complaisance.
Holà, quelqu'un. Allez. Faites venir Constance.
(Un domestique de la maison paraît, et sort après avoir reçu l'ordre de M. Rollin)
Aussi bien ai-je ensuite à lui dire deux mots.

M. DE MERVILLE, à madame Rollin.

Je vous rends grâce, et suis maintenant en repos.

M.[me] ROLLIN.

Ma fille vient.

M.[me] ROLLIN.

Songez qu'il n'en faut croire qu'elle.
Laissez-moi lui parler.

## SCENE III.

*Les mêmes*, CONSTANCE.

M. DE MERVILLE.

Venez, mademoiselle ;
Je vous avais promis contre Charle un appui ;
Vous n'avez désormais rien à craindre de lui ;
Votre mère est pour nous ; que servirait la feinte ?
Le moment est venu de parler sans contrainte ;
C'est moi qui vous en prie.

CONSTANCE.

Est-il bien vrai ? comment ?

M. DE MERVILLE.

Vous aimez ; on vous aime ; est-ce un crime si grand ?
Ce qu'on demande ici c'est que votre cœur parle.
Déclarez ce qui fait que vous refusez Charle.

M.[me] ROLLIN.

Allons ; dis ton motif, et sois de bonne foi.

CONSTANCE.

Mon motif, c'est que Charle est trop âgé pour moi ;
Il a trente-quatre ans.

M. DE MERVILLE.

Plaît-il ?.. quoi !.. je m'étonne...

M. ROLLIN.

Merville, que dis-tu du motif qu'elle donne ?

M. DE MERVILLE.

Vous-même, aviez daigné... Sans orgueil, j'avais cru...

M. ROLLIN.

Tu vois... Mais que veut Charle ? il a l'air bien ému !

## SCENE IV.

*Les mêmes*, CHARLES.

CHARLES, à M. Rollin.

Monsieur, blâmerez-vous ce que je viens de faire ?
J'ai pris avec courage un parti nécessaire ;
La lettre qu'à l'instant je viens de recevoir
Sur votre esprit peut-être aura quelque pouvoir ;
Pour la solliciter, j'ai pris le soin d'écrire ;
Vous tenez la réponse, et vous pouvez la lire.

(Il lui donne une lettre ouverte.)

M. ROLLIN, regardant la lettre.

Qu'est-ce donc ? la lettre est de monsieur de Silly ?

M. DE MERVILLE.

Ah ! de lui justement j'en attends une aussi.

CHARLES.

Déjà de sa bonté j'avais plus d'une preuve ;
Je ne la mis jamais vainement à l'épreuve ;
Sa terre est ici près ; il y venait coucher ;
Linant par mon conseil est allé le chercher,
En a reçu l'accueil que j'osais lui permettre ;
Et lui-même a bientôt rapporté cette lettre.

M. ROLLIN.

Quoi ! vous servez Linant ?

CHARLES.

Lisez, lisez d'abord,
Et vous me gronderez ensuite, si j'ai tort.

M. ROLLIN, lisant.

« Mon cher Charle, en deux mots je vous réponds bien vite.
» Vous allez vous trouver à point nommé servi.
» Par un hasard dont je me félicite,
» Le ministre est chez moi, quand votre jeune ami
» M'apporte votre lettre ; et comme il le mérite,
» De son avancement j'ai la promesse. Enfin
» Dès demain j'irai voir le bon monsieur Rollin,
» Et même j'aurais grande envie
» De ramener chez lui notre jeune officier ;
» Nous pourrions vous et moi, non le justifier,
» Mais l'excuser au moins sur une étourderie,
» La première, je crois, qu'il ait faite en sa vie.
» Je connais ses parens ; je les estime fort ;
» Le jeune homme se doit de réparer son tort
» De faire que Rollin le pardonne et l'oublie.
» Tout à vous. *De Silly.* »

CHARLES.

Linant obtient justice,
Et je suis trop heureux de lui rendre service.

M. ROLLIN.

A la bonne heure. Mais quel est votre projet ?
Je n'ai pas à mon plan renoncé tout-à-fait.

CHARLES.

Mon digne bienfaiteur, permettez-moi de dire
Tout ce que l'amitié, ce que l'honneur m'inspire ;
Le sacrifice est grand ; je dois m'y décider.
Un autre est préféré : c'est à moi de céder.

CONSTANCE.

Charles, que je vous aime et quel noble langage !

M. DE MERVILLE.

C'est très-bien, mon neveu ; vous avez mon suffrage ;
Je ferai comme vous un effort de vertu ;
Je veux servir aussi ce rival inconnu.
Je voudrais cependant savoir qui ce peut être.

M.me ROLLIN.

On pourrait aisément vous le faire connaître ;
Et si monsieur Rollin voulait...

M. ROLLIN.

Comment cela ?
Il est bien loin d'ici.

CONSTANCE.

Mon Dieu ! non. Il est là.
Tu n'as qu'à dire un mot.

M. ROLLIN.

D'où savez vous, Constance ?...
Eh ! mais, vous êtes tous ici d'intelligence,
Je le vois.

M.me ROLLIN.

Il est vrai.

M. ROLLIN.

Que me demandez-vous ?

M.^me ROLLIN.

Mais nous te demandons de t'entendre avec nous.

CONSTANCE.

Mon bon père !...

CHARLES.

Monsieur !

M. DE MERVILLE.

Tu ne peux t'en défendre.

CHARLES.

J'ose vous en prier.

M.^me ROLLIN.

Allons ; tu vas te rendre.

M. ROLLIN.

Tu le veux ? il faut donc ici le recevoir.
J'y consens.

CHARLES.

C'est assez. Vous allez le revoir.

(Charles va chercher et amène Linant, qui s'avance avec peine et timidement.)

## SCENE V.

*Les mêmes*, LINANT, *en officier du Génie.*

CHARLES.

Venez.

LINANT.

J'hésite !...

M. ROLLIN, à part.

Il a l'air confus, ce me semble !
Il sent ses torts. Tant mieux !

Mad. ROLLIN, à Linant.

Approchez-vous.

LINANT.

Je tremble !...

M. ROLLIN.

Quel est ce monsieur-là ?

Mad. ROLLIN, à son mari.

Tu permets, mon ami,
Que j'ose en ce moment te présenter ici
Un bon ami de Charle, un fort brave jeune homme,
Officier du Génie.

M. ROLLIN.

(A Linant.)

Il suffit. On vous nomme ?

LINANT, un peu déconcerté.

Linant, monsieur. Je viens...

M. DE MERVILLE.

Eh ! c'est Durand, je crois?

M. ROLLIN.

Ma femme vous présente, et moi je vous reçois,
Monsieur; charmé de faire avec vous connaissance.

CONSTANCE.

Je respire.

LINANT.

Je sais... j'ai besoin d'indulgence...

M. ROLLIN.

Vous venez à propos. Je plante, je bâtis;
Un ingénieur peut donner de bons avis?

LINANT.

Je suis prêt.

M. ROLLIN.

Ecoutez. J'avais un architecte
Tout jeune, et dont la tête était peu circonspecte;
Il avait du talent et travaillait fort bien;
Mais il était entré par un mauvais moyen;
Si vous le connaissez, dites-lui, je vous prie,
Que j'étais fort piqué de son étourderie.

LINANT.

Il le saura, monsieur, et soyez convaincu
Qu'il est au désespoir de vous avoir déplu.

M. ROLLIN.

Vous qui le remplacez, c'est à vous par la suite
A nous faire approuver ici votre conduite;
Et quelque jour peut-être, en nous connaissant mieux,
Nous serons... bons amis.

LINANT.

Je serais trop heureux!
(A Charles.)
Combien j'ai, mon ami, de grâces à vous rendre!

CHARLES.

Votre estime, voilà le prix que j'ose attendre.

M. DE MERVILLE.

Mais monsieur de Silly n'a-t-il rien dit pour moi?

CHARLES.

Pardonnez-moi, mon oncle.

M. DE MERVILLE.

Eh bien! sachons...

M. ROLLIN.

Je croi
Là, dans un post-scriptum, voir ton nom qui figure.

M. DE MERVILLE.

Il m'annonce un succès. Fais-nous-en donc lecture.

M. ROLLIN, lisant.

« A votre oncle Merville avec ménagement
» Apprenez, mon cher Charle, un fâcheux incident.
» Pour l'emploi dont je sais qu'il avait l'espérance
» Un autre obtient la préférence.
» Votre oncle est un homme charmant;
» Et l'on a décidé qu'il ne lui convient guères,
» Comme il emploie au mieux ses aimables loisirs,
» Qu'on attache sa vie à l'ennui des affaires
» Et qu'il vaut beaucoup mieux le laisser aux plaisirs. »

M. DE MERVILLE.

Eh bien ! il a raison. Moi-même, je l'approuve.
Puis, ce qu'on perd un jour, un autre on le retrouve.
Tout sera réparé.

M. ROLLIN.

Je vois de tous côtés,
Sans en être surpris, tes projets avortés ;
L'ambition, l'amour veulent de la jeunesse ;
A notre âge, il ne faut que repos et sagesse.

M. DE MERVILLE.

Mais suis-je donc si vieux ? que diantre ! à tes discours....

M.me ROLLIN.

Non, non. Vous êtes jeune, et le serez toujours.

## SCENE VI et dernière.

*Les mêmes*, SOPHIE, *accourant avec* AMÉLIE, *qu'elle amène par la main.*

SOPHIE.

Madame, tout est prêt. Quand vous voudrez paraître,
On pourra commencer.

M. ROLLIN.

Quoi donc ? que pourrait-ce être ?

M.me ROLLIN.

Tu ne t'en doutes pas ?

M. ROLLIN.

Non.

M.me ROLLIN.

Viens voir là-dedans.

AMÉLIE.

Ils sont tous arrivés, tous.

M. ROLLIN.

Qui donc ? mes enfans ?

AMÉLIE.

Quel plaisir ! Venez donc ; que la fête commence.

M. ROLLIN.

Une fête?

AMÉLIE.

Pour toi. Pour ta convalescence.

M.me ROLLIN.

Ils t'attendent. Viens donc. Viens les embrasser tous.

M. ROLLIN.

Embrassez-moi d'abord. Je commence par vous,
Par toi, ma chère amie... Oh! l'aimable surprise!
Pour vous remercier, que faut-il que je dise?

(Il embrasse sa femme, sa fille, et caresse Amélie. Tous les personnages, excepté Merville, forment un groupe autour de lui. Merville est seul, dans l'autre côté du théâtre.)

Mon cher Merville, eh bien?... mes enfans sont venus.

M. DE MERVILLE.

Je jouis avec toi...

M. ROLLIN.

Tu nous vois tous émus.
Te semble-t-il encor que je sois fort à plaindre?
Voilà le vrai bonheur qu'il est aisé d'atteindre.
Viens me voir dans leurs bras, Merville, et de nous deux
Tu me diras quel est le plus heureux.

(La famille de Rollin continue à l'entourer et à lui donner des marques de sensibilité.)

M. DE MERVILLE, à part, de son côté.

Rollin est enchanté de son bonheur vulgaire;
Mais cette vie est triste, et ne me convient guère;
Retournons à Paris. Je demeure garçon
Et veux jouir encor de ma belle saison.

# CORRECTIONS ET VARIANTES

## DU VIEUX FAT.

---

### ACTE PREMIER.

SCÈNE IX, page 14.

Et je te formerai. Car dans le fond je t'aime.
Ne vois-je pas Sophie?... Oui, c'est elle. Allons, va.

FRÉDÉRIC.

Vous aviez un travail à faire?... Le voilà!
Il est assez joli, ce travail-là!...

LABROSSE.

Décampe;
Mais a-t-on jamais vu bavard de cette trempe?

FRÉDÉRIC.

Là, ne vous fâchez pas.

LABROSSE.

Va donc où je t'ai dit.

SCÈNE X, page 18, vers 3.

Merville à vos discours peut-il ajouter foi?

*Lisez :*

A vos discours trompeurs peut-il ajouter foi?

Même scène et même page.

Ma foi! non; je suis bien, et je veux y rester.

SOPHIE.

Votre condition en effet est fort bonne!

LABROSSE.

Votre condition?... ma foi! quand je raisonne,
Je trouve, sans avoir trop de présomption,
Que ma place n'est point une condition.
Je suis près de monsieur, façon de secrétaire,
Son complaisant en titre, et flatteur ordinaire;
L'espèce en est commune, et chaque jour j'en voi
Qui sont, sans s'en douter, du même état que moi.

SOPHIE.

Ah! vous avez raison.

LABROSSE.

Il faut que je vous dise, etc.

### ACTE SECOND.

SCÈNE XI, page 41.

Je veux, dans tous les cas, lui sauver un chagrin.
Je pourrais me tromper; c'est ce que je desire
Mais de la vérité j'aurai soin de m'instruire.
Cependant suivez-moi; car on va déjeûner;
Ensuite, on doit dehors aller se promener.
Charles, comptez toujours, etc.

### ACTE TROISIÈME.

SCÈNE VI, page 63.

C'est qu'il me connaît bien, et presque dès l'enfance...

M. ROLLIN.

Tiens, ta sœur Euphrasie eut comme toi, Constance,
Un penchant mal placé; mais nous fûmes prudens;
Sans la contrarier, nous gagnâmes du tems,
Ta mère et moi; ce fut lui rendre un grand service;
On découvrit enfin, par plus d'un sûr indice,
Que de ce tendre amour le merveilleux objet
N'était qu'un hypocrite et qu'un mauvais sujet.

CONSTANCE.

O ciel! quels noms!... Linant est honnête et sincère.

M. ROLLIN.

On juge avec faveur ceux qu'on aime, ma chère.
Ce dont je te sais gré, c'est de m'avoir instruit.
Evitons bien surtout, etc.

## ACTE QUATRIEME.

SCENE I.re, page 69.

Si vous voulez, moi, je lui parlerai.

CONSTANCE.

Non. Charles doit céder, lorsque mon père ordonne.

SOPHIE.

L'alliance d'ailleurs pour lui serait très-bonne;
L'intérêt touche un peu les plus honnêtes gens;
Quand j'y pense, il faudrait gagner au moins du tems.

CONSTANCE.

Eh! ce serait beaucoup; mais rien n'est moins facile.

SOPHIE

Vous-même, adressez-vous à monsieur de Merville, etc.

SCENE VII, page 84.

Moi, j'ai placé les miens dans mes affections.
Jusqu'au dernier moment ils me seront fidèles;
J'en ressens tous les jours des délices nouvelles;
Mais ton goût sur les tiens depuis long-tems blasé
N'en trouve plus un seul, qui ne lui semble usé.
Tu connais peu le cœur d'un père de famille, etc.

## ACTE CINQUIEME.

SCENE IV, page 97.

Tout ce que l'amitié, ce que l'honneur m'inspire.
Regardez votre fille; elle est dans la douleur;
De vous appartenir j'aurais fait mon bonheur;
J'avais avidement saisi cette espérance,
Et je ne puis la perdre avec indifférence;
Mais à ce sacrifice il faut me décider;
Un autre est préféré, etc.

SCENE DERNIERE, page 102, à la fin.

M. DE MERVILLE, à M. Rollin.

Cher Rollin, tu peux être heureux à ta manière;
Mais cette vie est triste, et ne me convient guère.
Je retourne à Paris. Je demeure garçon, etc.

---

DE L'IMPRIMERIE D'A. EGRON,
Imprimeur du Tribunal de Commerce.

www.ingramcontent.com/pod-product-compliance
Ingram Content Group UK Ltd.
Pitfield, Milton Keynes, MK11 3LW, UK
UKHW020924180726
13838UKWH00002B/736

9 782329 416007